대한민국 무력정치사

대한민국 무력 정치사

민족주의자와 경찰, 조폭으로 본 한국 근현대사

존슨 너새니얼 펠트 지음
박광호 옮김

현실문화

차례

1장

서론

여느 날과 달라 보이지 않은 어느 날 오후 2시. 서울 도심에 위치한 역사 관광지 인사동에 진압 장비를 갖춘 경찰 수백 명이 불시에 나타나 도로 양편과 뒷길들에 신속히 대오를 갖췄다. 700미터쯤 되는 도로 양 끝에는 구급차들도 배치됐다. 길 가운데에는 이마에 빨간 띠를 두른 노점상 76명이 노점 수레를 지키고 있었다. 경찰이 대오를 갖춘 지 오래지 않아 노란 조끼를 입은 젊은 남녀 용역 깡패 150명이 거리로 몰려 가 노점을 하나하나 돌면서 가판대를 부수기 시작했고, 노점 주인이 반항하면 예외 없이 폭력을 휘둘렀다. 40대 초중반으로 보이는 위협적인 남성 몇몇이 새된 소리를 지르며 명령했고 노란 조끼를 입은 용역 깡패들은 그 지시에 따라 일사불란하게 움직였다. 용역 깡패들이 도로 한쪽 끝에서 시작해 반대편 끝을 찍고 돌아오기까지 한 시간쯤 걸렸다. 노점상들은 불법적으로 물건을 팔고 있었다. 세금도 임대료도 내지 않는 데다가, 높은 임대료를 내야 하는 그 지역 건물에 입점한 가게들과 똑같은 상품을 파는 일도 흔했기 때문에 '공적 불법 방해 행위public nuisance'라는 딱지가 붙었다. 그러나 노점상들에게 저지른 폭력 또한 범죄 행위였고, 게다가 용역 깡패들은 종로구청과 직접 공식 계약을 맺었다. 이 사건은 권위주의 국가였던 1987년 이전의 한국에서 일어난 게 아니다. 흔히 민주주의가 탄탄하게 자리를 잡고 번영하는 국가라고들 하는 2011년 5월 24일의 대한민국에서 일어난 일이다.

이 사건은 그날에만, 노점상에만 국한된 것이 아니다. 이러한 관행은 국가가 민간 경비 회사와 직접 계약을 맺거나 국가가 집중 관리하는 제한된 지역에서 용역 깡패들이 사용되는 것을 용인하는 흔하고 더 널리 퍼져 있는 현상의 일부이다. 그날 내 머릿속에 떠오른 질문들이 이 책의 동기가 되었다. 노점상들이 법을 위반했다면 경찰은 왜 단순히 체포하거나 아니면 제재를 가해 법을 지키게 하지 않을까? 어째서 한국 사회, 그러니까 전투적으로 민주화 투쟁을 벌여왔고 또 문민 통치를 확고히 지지해온 사회가 제 손으로 선출한 지도자들과 경찰에게 그런 행위를 묵인한 책임을 묻지 못하는 것일까, 아니 정확히 말해 물으려 하지 않는 것일까? 국가는 왜 자국 시민에게 범죄적 폭력을 수행하는 집단들과 협력할까? 다름 아닌 민주주의 국가에서, 그것도 대낮에? 이 현상은 한편으로 국가의 정당성이라는 개념과 또 한편으로 범죄적 폭력에 관여하는 집단들의 부당성과 모순을 일으킨다. 이 책은 이런 복합적 현상을 이해하려는 시도다.

국가들이 비국가non-state 폭력 전문 집단과 협력하는 것은 놀랍지 않다. 그 역사는 오래되었고, 근거도 분명하다. 국가가 형성되는 초기 과정에서 국가 행위자(국가에서 공무를 집행하는 이)들과 국가 추구자state-seeker(국가를 세우려는 이, 또는 국가 행위자가 되려고 힘쓰는 이)들은 필요에 따라 해적, 용병, 불법 무장(준군사) 단체, 깡패와 협력하곤 했다. 따라서 약하거나 이행기에 있는 사회에서, 혹은 이행기에 있는 약한 사회에서 그런 협력이 발생해왔다는 것은 이론적으로 난해한 문제는 아니다. 그런데 잘 이해되지 않는 것은 고능력의 민주주의 국가에서 국가 행위자들이 자국 내에서 초법적extralegal 폭력을, 더욱이 자신들이 보호할 책임을 지고 있는 자국 시민들에게 그런 폭력을 수행할 때 민간 행위자들과 공모하게 하는 조건이다.

각 장에 대하여

이 책은 여덟 장으로 구성되어 있다. 1장은 서론이다. 이 연구를 시작하게 된 계기와 조사 방법에 대해 이야기한다. 2장은 이 연구의 이론적인 부분에 대한 내용인데, 국가와 국가 권력에 관한 다양한 연구들을 논의하면서 이 책을 읽는 데 필요한 기본적이고 거시적인 배경을 제시한다.

3장은 본질상 서술적인 부분으로, 한국의 공적 무력 시장과 민간 무력 시장의 진화를 개괄하고 논의한다. 현재 강제 철거와 노동 억압에 관여하는 시장의 민간 행위자들을 대개 깡패 수뇌부가 통제하고 그 인력을 공급하기 때문에 이 집단들에 특별히 주목한다. 이 단락은 주로 면담과 참여 관찰 같은 영어, 한국어 1차 자료에 기초해 그런 불법 집단들의 역사, 구조, 현재 상황을 설명하는 희소한 연구일 것이다.

4장은 첫 번째 실증 분석의 장으로, 1945년 말부터 1960년까지 한국의 초기 국가 형성을 개괄, 분석한다. 일반적인 초기 국가 형성 과정은 대부분 상당한 격동기다. 한국의 경우 역시 다르지 않다. 이 기간에 국가 추구자와 국가 행위자 들은 깡패와 폭력 청년 들을 모집해 불법 무장단체의 일원으로 썼다. 이런 관행은 한국전쟁 말과 이승만이 어쩔 수 없이 하야한 시기 내내 계속됐다. 이 시기 국가 행위자와 비국가 행위자의 협력은 국가의 제한된 협력 때문으로 설명 가능하다.

5장은 내용이 복잡해지는 부분이다. 먼저 1961년 박정희의 쿠데타 이후의 정치경제 동학을 간략히 논의하고 이어 시민사회의 진화와 역할을 서술, 분석한다. 이 정치 동학들과 시민사회의 역할에 대한 논의는 6장과 7장에서 각각 다뤄질 강제 철거와 노동 억압에 관한 실증에 기초한 두 주요 사례연구가 정리될 바탕을 잡아줄 것이다. 일반적으로 민주화 이행기에 규범적 틀 아래서 수행된 하청에 의한 범죄적 폭력은 일종의 신자유주의적 압박에 따른 대규모 민영화로 설명되곤 하지만, 본 연구는 민주화 과정을 통해 점점 투쟁적으로 변해 정치적으로 중대해지던 중산층 사회와의 상관관계로 설명하려 한다. 물론 단순한 쇼핑몰 민간 경비 회사의 허가 문제라면 신자유주의적 설명으로도 충분할 것이다. 그러나 이 연구에서 종속변수는 민주화된 국가에서 범죄적 폭력이 용인, 지속되는 상황이고, 이는 신자유주의적 주장만으로 충분히 설명하기 부족하다.

8장은 결론이다. 이 연구의 이론적 함의를 끌어내고, 이에 덧붙여서 이 책에서 펼친 이론이 설명력을 가질 수 있는 다른 영역들도 간략히 논의한다. 미국 남부에서 지역의 법 집행 기관들에 협력한 자경단과 범죄 집단의 린치 관행, 그리고 일본에서 국가가 형성되는 과정에서 범죄 집단과 국가가 협력한 사례를 다루었다.

방법론

이 연구의 초점은 비국가 행위자에게 폭력을 하청하는 선택과 관련한 인과 기제들을 설명하는 것이고, 그런 작업에서 주안점을 두는 것은 가설 설정이다. 이런 연구는 인과관계들을 검사할 수 있다는 점에서 큰 이점이 있지만, 이런 유형의 현상에 관한 정량화할 수 있는, 편파적이지 않은 데이터를 얻는 것은 연구 설계상 매우 어렵다.

따라서 이 책의 중심 질문을 가지고 나는 질적인, 역사적 분석/서술 방식과, 현상과 형성 과정을 추적하는 접근법을 사용하기로 했다.

이 과업의 첫 부분에서는 학술서, 신문, 정부 문서 같은 2차 자료와 1차 자료를 모두 사용했다. 정부 문서 가운데 일부는 최근에 비밀 해제된 것이다. 여기에 포함된 것은 정치학 연구조사의 경계를 넘어서는데, 이를테면 역사학, 사회학, 경제학, 범죄학, 법학, 인류학, 도시 연구, 도시 계획 등의 연구들이다. 이 획득한 자료는 서로 연결되어 한국의 국가 형성과 국가와 비국가 사이의 관계가 시간에 따라 변화해온 진화의 지도를 형성했다. 앞으로 보이겠지만 국가 혹은 비국가의 강제력 자원 사용은 시간, 지역, 이슈에 따라 상당히 크게 달라진다. 이 분석은 그런 변화를 밝히고 설명하려는 시도였다.

이 연구조사의 두 번째 단계에는 면담과 관찰이 포함됐다. 이 부분이 연구조사에서 가장 어려웠고, 시간도 많이 걸렸으며, [사람들의 말에 의존한다는 점에서] 근거가 불확실한 부분임을 인정할 수밖에 없다. 그러나 이것이 직접적인 정보와 관찰에 덜 의지하는, 유사한 주제로 행한 많은 다른 연구와 이 연구를 구별해주는 부분이기도 하다.[1] 특히 범죄적 폭력 영역의 강제력 자원에 관한 국가와 비국가의 협력은 주로 밖으로 드러나지 않은 채로 작동한다는 점에서 이 접근법의 적절성을 찾을 수 있다.

이 책에서 제시된 첫 번째 주장은 국가 행위자들이 능력을 키우기 위해 비국가 행위자들과 협력한다는 것이다. 이런 현상은 약하거나 실패한 국가 환경에서 광범위하게 일어나고, 이에 대한 연구는 실제로 상당히 많다. 그런데 민주화 이후 국가 행위자들이 지켜야 할 투명성과 책임성을 피하고자 비국가 행위자들을 이용한다는 것이 두 번째 주장인데, 여기서 관찰되는 이들 사이의 협력은, 국가 행위자들이 그런 불법적 행위에 개입한 것을 그럴듯하게 부인할 수 있는 수준에서 작동한다. 따라서 이에 대한 공식적·체계적인 자료는 존재할 수 없다. 신뢰할 만한 자료가 거의 없다는 어려움을 극복하기 위한 최상의 방법이 한국에서 광범위한 현장 연구를 수행하는 것이라고 판단했고, 운 좋게도 풀브라이트 재단의 지원을 받아 1년간 현장 연구를 수행할 수 있었다. 이 지원금이 없었다면 연구는 이루어지지 못했을 것이다.

내 연구조사와 관련해 처음에 흔히 받는 질문 가운데 하나는 '왜 한국을 선택했는가?'이다. 첫째, 한국의 그 현상은 표준적인 방법론 요건들을 충족한다. 즉 종속변수가 시간, 공간, 이슈에 따라 뚜렷하게 변화하고 중대 국면들도 분명해 종합 분석을 가능하게 한다. 그러나 이 책은 한국 그 자체에 국한된 것이라기보다는 국가와 비국가의 폭력 협력이라는 더 큰 현상에 관한 이야기이다. 이 현상은 불행히도 어디에서나 관찰되며, 내가 살았던 디트로이트에서 연구조사를 수행했더라도 서울과 크게 다르지 않은 이론적 결과를 보여줬을 것이다. 그러나 문제는 내가 영어를 사용하지만(사실 모국어이다) 디트로이트에는 그런 연구를 수행하는 데 필수적인 연줄이 없다는 점이다. 반면에 한국에는 그런 연줄이 있었다.

나는 스스로를 '한국학 연구자'나 '동아시아 연구자'라기보다는 비교정치학자로 생각하지만, 한국과 그 이웃나라들의 역사와 문화에 크게 매료되어 있다는 것을 부인할 수는 없다. 아마도 그것은 무엇보다 이 나라들이 내 문화에 견주어 매우 이국적이기 때문일 것이다. 이런 관심이 없었다면 애초에 한국을 연구하지 않았을 것이고, 또 한국에서 그렇게 많은 시간을 보내지 않았을 것이다(일본에 대해서도 마찬가지인데, 유감스럽게도 내 관심에 비해 일본에 대한 내 연구는 아직 많이 부족한 상태다).

한국에서 2004년 초를 시작으로 수년간 생활하고 연구하는 과정에서 나는 공식적 영역과 비공식적 영역 모두를 포함하는 정치, 경제, 사회 영역에서 활동하는 이들과 특별한 관계를 발전시킬 수 있었다. 내가 샌프란시스코 만灣 출신의 외국인이라는 사실, 즉 한눈에 봐도 외국인으로 보이고 한국어 수준이 이해하기 쉬운 말을 조금 할 수 있는 정도라는 사실 덕분에 나는 보통의 한국인이라면 그리 쉽게 누리지 못했을 기회와 특별한 보호를 받을 수 있었다. 그럼에도 법적·초법적 처벌을 무릅쓰고 나에게 과거의, 혹은 현재 진행 중인 불법적 활동과 공모에 관한 정보를 기꺼이 제공하려는 인터뷰 대상자를 무작위로 구하는 것은 불가능했다. 따라서 처음의 연줄이 또 다른 연줄을 소개해주는 눈덩이 표본 추출 기법을 사용하게 됐다.

눈덩이 접근법은 한국에서 인맥이 작동하는 방식 덕택에 꽤 효과적이었다. 한국에서 가장 중요한 인맥 네 가지는 혈연, 지연, 학연, 군*연이다. 그런 인맥은 사회, 경제, 지역적 배경이 다양한 사람들을 끈끈히 연결한다. 반면 한국에서는 대다수 시민들이 두 사람만 거치면 누구와도 연결된다. 예컨대 미국에서는 초등학교 교사가 어떤 식으로든 깡패나 중앙 정치인이나 검사와 연결될 가능성이 아주 낮다. 한국에서는 그런 인맥을 통해, 불가능해 보이는 그런 관계가 놀랍게도 흔하다. 나는 그런 인맥을 이용해, 평소라면 나를 거들떠보지도 않을 행위자들과 접촉할 수 있게 됐고 또 그런 인맥의 범위는 점점 넓어졌다.

내 대다수 연줄이 한국에서 현장 연구를 수행하는 과정에서 얻은 것이었지만, 순조롭게 첫 출발을 하기 위해 한국에 오기 전 몇몇 연줄을 확보했다. 그중 한 명은 김정길 전 법무부장관으로, 그가 미시간 대학교 로스쿨에 1년간 방문교수로 왔을 때 나는 그와 폭넓게 교류했다. 김대중 전 대통령의 지역 인맥과 강력한 당파에 속한 김 전 장관은 내게 법무부 사람들을 소개해주었다. 김 전 장관의 인맥들은 그가 장관 자리에서 물러났는데도 나를 도와주었는데, 위계가 매우 강한 한국 문화의 고유한 특성이 작용한 것이었을 테다.

강력한 법무부 인맥 외에도 나는 유사한 주제들을 연구하는 한국의 학자들과 가까이했다. 그중 한 명은 한 사회 연구소의 연구원이었는데, 그는 조직범죄를 담당했던 전직 고위 경찰관을 소개해주었다. 이런 만남들 덕분에 나는 경찰청 강력부의(조직범죄부는 하위 부서이다) 현 수장을 소개받을 수 있었다. 이런 연줄은 명령 계통에 따라 하위 연줄로 이어졌다. 마찬가지로 한국 문화의 위계적 속성 때문에(한국만의 특성은 분명 아니지만) 모든 연줄은 하향식으로 이어졌다. 그리하여, 나는 처음에 최상위에 있는 인물을 만나면 같은 수준 혹은 그 아래의 인물들을 소개해달라고 청했다.

이 연구는 단순히 한국에 관한 이야기가 아닐뿐더러 조직범죄, 한국의 조직범죄에 관한 연구도 아니다. 이 연구는 범죄적 폭력에서 일어나는 국가와 비국가의 협력에 관한 것이다. 그런 의미에서 비국가 행위자가 불법 군사 집단이든 합법적 허가를 받은 민간 경비 회사든 마피아든 그것은 그다지 중요하지 않다. 한국에서 범죄적 폭력을 실제로 저지르는, 혹은 적어도 조직하는 비국가 행위자 가운데 대다수는 사실 직접적으로든 간접적으로든 마피아 유형의 기업들(여기서 간략히 정의하면, 경제적 동기로 전문적으로 초법적 폭력을 행사하는 기업)과 연결되어 있다. 그렇다면 어떻게 그런 인물들과의 만남에 착수하고 그들의 신뢰를 얻을 것인가? 내가 생각하는 대답은 두 가지였다.

첫 번째 방법은 또 다시 인맥이었는데, 이번에는 스포츠 인맥이었다. 25년 넘게 한국의 체육 활동을 해온 나는 다양한 스포츠 조직의 고위 조직자 및 관리자 들과 접촉하게 됐고, 오래지 않아 이 연구 조사에 착수해야겠다는 결정을 내렸다. 다른 나라들과 마찬가지로 한국에서도 스포츠 세계는 강제력의 공적/민간 자원과 깊이 연결되는 경우가 많고, 그 양편은 사람들을 모집하는 일이 흔하다. 그런 연줄을 통해 나는 조직적 강제력을 행사하는 민간 집단과 직접적으로든 간접적으로든 관계된 인맥에 처음으로 연결될 수 있었다. 이런 연줄가운데 두 사람은 그 현상에 관해 기꺼이 솔직히 이야기하려 했다. 이 두 정보원에게서 상당히 많은 정보를 얻었지만 다른 사람들을 소개해달라고 설득하지는 못했다.

두 번째 방법은 거의 우연으로 이루어졌다. 한국에서 연구조사를 이미 시작한 나는 서울대학교 인근의 한 체육관에 등록했다. 몇 달 뒤 체육관장은 또 다른 단원에게 나를 미국에서 온 정치학과 대학원생이라고 소개했다. 일종의 지역 정계의 실세이고 미국인에게 특정한 호감이 있었던 탓에 그는 내게 더 관심을 보였을 것이다. 그와 나누는 대화는 몇 달간 계속되었다. 나는 그에게 내 연구가 본질상 어떤 것인지 알려주었고, 우리는 연구에 관해 자세히 논의했다. 이후에 몇 주간 만남을 가졌고, 나는 그의 신뢰를 얻을 수 있었다. 그는 지역의 조직범죄 연줄을 소개해주겠다고 제안했고, 나는 기꺼이 받아들였다.

체육관에서의 이 우연한 만남으로 나는 지역의 우두머리들을 소개받았고, 그들은 내게 매주든 매일이든 사무실로 오라고 했다. 그들에게 나는 사실 신기한 존재였고 이 사실은 나에게 정말로 유리했다. 만남의 대부분은 커피를 마시면서 내가 그들에게 직접 이야기하거나 아니면 단순히 그들의 논의를 듣는 것이었다. 그런 인물들과의

만남 가운데 70퍼센트는 그저 조용히 앉아서 모임에 들어오고 나가
는 사람들을 지켜보고 그들의 버릇을 관찰하며 그들의 (대개 의미 없
고 별것 아닌) 대화를 듣는 것이었다. 만남의 압도적 다수는 본질상 비
공식적이었다. 그런 유형의 사람들은 캐묻듯이 질문하는 것을 즐기
지도 편안해 하지도 않을 것임이 명백했다. 나는 주로 조용히 앉아
서 지켜보다가 그 뒤 내가 본 것과 관련해 궁금한 점을 묻곤 했다. 이
런 행위자들과 보낸 초기의 대부분은 어떤 질문을 할지를 배우는 것
뿐 아니라 어떻게, 더 중요하게는 언제 물을지를 배우며 보냈다. 예
를 들어 한 집단의 두목을 소개받은 직후 한 모임에서 나는 이렇게
물은 적이 있다. "대만에서 정치인과 경찰, 깡패가 긴밀한 관계를 맺
어왔다는 것은 잘 알려져 있는데 한국도 그러한가?"[2] 대답은 단호한
'아니오'였다. 과거에 그랬다는 것이었다. 그러나 다른 지역의 정보
원들은 이런 대답을 반박했다. 하지만 내가 만약 그들의 대답에 이
의를 제기했다면 그들과 좋은 관계를 유지하지 못했을 것이다. 몇
달 뒤 나이트클럽에서 모인 자리에서 지역의 두 정치인이 나타나 두
목에게 굽실거렸고 두목은 그들에게 장광설을 늘어놓았다. 한번은
그들 중 한 명을 발로 차기도 했는데, 듣기로는 일종의 공공사업이
지연된 것이 이유였다. 이틀 뒤(전날 밤에서 몸을 회복하는 데 하루가 필
요했다) 내가 두목에게 그 밤의 일에 관해 묻자 그는 이렇게 말했다.
"물론 우리는 정치인들과 관계를 맺어야 해. 우린 사업가야!" 그는
사실 그가 가진 권력이 얼마나 큰지를 나에게 보여준 것을 흡족해

했다. 나아가 전국의 모든 정치인들이 자신을 얼마나 두려워하는지에 관해 호언장담하기도 했다. 물론 나는 이것을, 또한 다른 두목들이 고위 정치인들과 맺은 끈끈한 관계를 직접 확인하지는 못했다. 그러나 정치 엘리트 혹은 적어도 그들의 대변인격 인물들이 이런 집단의 행사에 참석한다는 사실을 두 눈으로 확인했고, 이는 적어도 그런 최소한의 인맥이 존재한다는 것을 부분적으로 증명해주었다. 한 중앙 정치인과의 만남에서 나는 (경호원으로도 보이는) 그의 운전수가 정계와 관련된 조직범죄 집단의 행동대장 출신이라는 것을 알게 됐다(그럼에도 비교적 젊었다). 그 조직범죄 출신은 그 집단과의 연줄을 유지했고 이는 결국 범죄 집단과 정치인의 간접적 관계를 용이하게 했을 것이다. 이런 유형의 연줄은 3장에서 논의할 것이다. 거의 매일 그들의 사무실에 방문하는 것 외에도 그들은 기꺼이 나를 그들의 나이트클럽, 레스토랑, 합법/불법 도박장에 데려갔고 인천, 부산, 포항, 전주, 수원 같은 지역의 행사에 나를 데려간 일도 허다했다.

두목의 높은 지위 때문에 다양한 행위자들이 그 사무실에 방문하곤 했고 마찬가지로 나는 수준과 배경이 다양한 여러 행위자들, 즉 두목, 고문, 중간보스급 깡패, 경찰, 지역 정치인 등을 소개받았다. 그런 연줄을 통해서 나는 지역 혹은 전국적으로 활동하는 다른 두목들을 다양한 행사와 모임에서 소개받았고 이의 중요성은 이어지는 장에서 논의할 것이다. 내가 만난 모든 이들은 내가 어떤 연구 조사를 수행하는지 분명히 알고 있었다. 사실 그들과 교류하고 질문을 할 수 있게 된 경우에는 고지에 입각한 동의 요건에 따라 내 연구조사의 의도와 익명성이 보장된다는 것을 알려주었다. 더욱이 깡패들은 내가 주로 이른 오후에는 경찰을 만난다는 것을 알았고 경찰도 내가 흔히 저녁에는 깡패들을 만난다는 것을 알았다. 만남은 보통 같은 날 있곤 했다. 수도권의 한 지서에서 조직범죄를 담당하는 경찰을 만난 뒤 돌아가는 길에, 인근에 사는 한 중간보스가 나를 태워준 일도 있었다.

그런 강력한 인맥을 사용해 나는 공적 강제력 자원과 민간 강제력 자원과 관련된 다양한 행위자들을 소개받을 수 있었다. 또한 학자, 정치인, 검사, 경찰, 깡패 외에도 기업가, 기자, 피해자와의 연줄도 얻었다. 기자와 피해자와의 연줄은 주로 직접 이메일이나 전화 연락을 해 만들어냈다. 일단 이런 연줄을 얻은 뒤에는 그들의 연줄을 이용해 다른 사람을 접촉하곤 했다.

이 행위자들 각각에서 얻은 실증적 증거는 정확성과 신뢰성을 위해 지속적으로 교차 확인했다. 고지에 입각한 동의의 엄격한 지침에 따라 (본인이 허락한) 소수의 공적 행위자를 제외하고는 응답자의 이름과 어떤 신원 확인 정보도 엄격히 비밀로 유지했다.

한 국가에서 이런 현상을 연구하겠다는 선택과 (비록 시간, 공간, 이슈에 따라 다양한 변화들이 목격되기는 하지만) 채택한 방법론은 인정하건대 가설을 '검증'하고 이런 설명들의 일반화 가능성을 평가하는 능력을 제한한다. 연구 결과의 일부는 분명 한국에만 해당되는 것이다. 가장 중요한 것은 식민주의와 권위주의 정권에서 자행된 잔혹한 억압의 긴 역사가 군경이 (나아가서는 국가가) 오늘날의 맥락에서 활동하는 방식에 영향을 미친다는 것이다. 사실 한국인들이 국가 행위자들의 (예컨대 경찰이나 군) 폭력을 바라보는 방식은 그리 오래지 않은 과거에 연이은 억압적 정권들에서 겪은 삶에 의해 좌우된다. 결국 국가의 폭력에는 강한 상징적 유의성[誘意性, valence, 사람들을 끌어들이는, 동원하는 힘]이 있고, 폭력을 행사할 경우 새로운 민주주의 시대라는 애써 만들어놓은 한국의 이미지를 파괴할 위험이 있다.[3]

해방 이후부터 대선 직선제 쟁취에 이르기까지 42년 동안 한국은 강한 행정 권력과 함께 강력하고 투쟁적인 시민사회를 가진 국가로 성장했다.[4] 한때 분열되었던 학생, 노동자, 지식인, 종교 단체, 중산층은 1980년대 말 권위주의 지배의 종식이라는 이해를 공유하는 단일 세력으로 변화했다. 그들이 얻은 것은 정치적 자유화였다. 중산층은 이에 대개 만족했고 흩어졌다. 더 급진적인 집단들은 이제 [또 다른] 개혁을 위해 스스로 싸워야만 했다. 그때 이후로, 또 이 연구를 수행하는 동안에도 국가는 중산층이 계속 방관자적 입장을 취하도록 애써왔다. 그러나 특히 국가 행위자들의 폭력은 그 세력들을 깨워 [다시] 연합할 위험이 있다. 한국사에서 주목할 만한 함의 하나는 국가와 비국가 폭력 전문 집단이 강제 철거와 노동 억압 시장에서 협력한 것이다. 왜 유독 강제 철거와 노동 억압인가? 그 답은 이둘 모두가 중산층의 사회경제적 안녕과 관계있다는 것이다. 강제 철거는 무엇보다, 주택 공급을 늘릴 뿐 아니라 강력한 경제 성장을 유지하는 데 중요한 사회 기반 시설을 증진하는 대규모 재개발과 [도시] 미화 사업의 일부이다. 또한 노동 불안은 국가의 경제적 활력을 위협한다. 그런데 그런 사업에서 국가의 폭력 행위는 정치화 요인으로 작용한다. 국가가 개입해야 했던 사례들에서 중산층은 결집했다. 그러나 그런 사업 대다수에서 국가는 폭력에 연루되지 않을 수 있다. 즉 실제로 폭력을 수행하는 행위자가 아니라 폭력의 관리자로 행동하는 것이다. 그런 사례에서 중산층은 뚜렷이 침묵을 지킨다.

거듭 말하자면 국가와 비국가 행위자들이 무력 시장에서 협력하는 관행은 한국만의 것은 아니다. 내 의도는 한국 정치에 대한 연구와 이해에 기여하는 것뿐 아니라 한국에서 얻은 결과들을, 국가와 범죄 집단의 협력, 국가 형성, 그리고 폭력 사용에 대한 민주적 통제라는 더 폭넓은 현상에 적용하는 것이다. 일반화 가능성이 있는 연구 결과들은 내가 이 연구서에서 제시하는 주요 주장이기도 하다. 그것들은 이렇다. 비국가 강제력 전문 집단에게 폭력을 하청하는 것이 합리적(정확히 말하자면 학습된 적응 행위)일 뿐 아니라 정치적으로도 이득이 되는 조건이 있다. 다른 환경의 하청과 마찬가지로 국가 행위자들은 능력 논리와 규범적 틀 아래 이 '시장' 해결책을 이용한다.[5] 국가는 기존의 무력과 그에 따른 집행력을 확장하고 향상하고자 강제력을 하청한다. 규범적으로 그들은 자유를 제한하는 것으로 보이는 행위, 그에 따라 정치적으로 위험이 있는 행위로부터 거리를 두고자 그렇게 한다. 또한 무력 하청이라는 전략적 결정은 궁극적 목적들과 그 목적들을 달성하는 데 사용하는 수단과 관련된 고려와 이해에 좌우된다. 마지막으로 고능력을 가진 국가는 이런 하청의 잠재적 위험을 가장 잘 관리할 수 있는 국가이다.

2장

국가와 국가 권력

: 이론적 고찰

'국가'를 정의하는 개념은 다양하다. '국가'를 대신해 쓸 수 있는 말도 많다. 그것들이 공통으로 담고 있는 주제는 외부 갈등으로부터의 보호와 내부 갈등으로부터의 보호라는 유용함에 기대고 있다.[1] 국가에 기초한 정치 질서는 세 가지 사항, 즉 (a) 사유재산권 집행, (b) 시민사회 평정[위무], (c) 납세라는 맥락에서 생겨난다. 그리고 이 세 과제는 모두 [국가라는] 단일한 실체가 강제력의 최종 결정자로 진화하는 능력에 달려 있다.[2] 역사사회학의 거장 찰스 틸리Charles Tilly는 국가 형성은 정치 엘리트가 정당한 폭력(국가가 절대적으로 통제하는 폭력)과 부당한 폭력의 경계를 되도록 분명히 규정하려고 노력해야 하는 과정이라고 주장한다.[3]

국가의 이상적 정의는 그런 실체들의 특징을 폭력에 대한 '독점'으로 규정한다. 하지만 현실에서 그런 위치를 차지할 수 있었던 국가는 (있다고 치더라도) 거의 없다. 사실 더 현실적인 정의들은 하나같이 '독점'이라는 단어를 사용하지 않고, 폭력에 대한 통제에서 비국가 자원에 대한 국가의 '비교 우위'에 집중한다.[4] 이 사실은 결국 국가가 형성될 때 '완성 단계'가 있다는 극히 단순한 가정들에 도전한다. 외려 국가는 자신의 권위를 계속 생산 및 재생산하고, 역동적인 정치, 경제, 사회적 환경에서 자신의 존속 이유를 제시해야 한다.[5]

국가 건설자들은 자신들의 권위를 세우는 데 셀 수 없을 만큼 많은 방법들을 이용해왔다. 이를테면 민간 권력을 구매하거나 예속화하기, 혹은 근절하는 방법들을 혼합한 전략들이었다.[6] 이 책에서 관심을 두는 것은 바로 '구매'이다. 유럽, 아시아, 라틴아메리카 등에서 국가가, 그리고 야망을 품은 국가 추구자들이 산적, 해적, 용병, 기타 폭력 전문 집단을 이용한 사례는 역사적 근거가 분명하다. 예컨대 14, 15세기 유럽에서는 대규모 사병 부대가 무력 시장을 군림했고 17, 18세기에는 고용된 용병과 사략선원[사략선: 승무원은 민간인이지만 교전국의 정부로부터 적선을 공격하고 나포할 권리를 인정받은, 무장한 사유私 船의 선박]이 국가 형성의 규범이 되었다. 그러나 그런 제도적 관행이 문제가 없었던 것은 아니다. 예를 들어 사략선원들이 조직적으로 해적질을 하거나 용병들이 자국 정부를 전쟁에 끌어들이겠다고 위협하거나 상사商社들이 총구를 고국으로 돌린 사례는 드물지 않다.[7] 유럽 정부들은 그런 원치 않는 결과를 피하고자 강제력을 민간 자원에 의존하던 것을 크게 줄였고, 특히 프랑스혁명 이후 그러했다. 그럼

에도 앞서 이야기한 제도적 관행들은 필요에 따라 계속됐다.[8]

　유럽의 경험과 비슷하게 일본 정부 관리들은 이미 도쿠가와 시기(1603~1887)부터 국가의 세력권이 가장 약하거나 가장 모호한 지역에 질서를 유지하고자 '불한당' 조직을 이용하기 시작했다. 그런 집단들은 민주주의 이행기를 비롯해 격동기 내내 비슷한 역할을 계속했다.[9]

　라틴 아메리카 전역의 폭력에 관한 연구들도 국가 행위자와 민간 세력의 협력 패턴을 분명히 보여준다. 예를 들어 1950년대 초 콜롬비아에서는 국가 행위자들이 좌파 반란군을 막기 위해 불법 무장 단체뿐 아니라 민간인들까지 동원했다. 아르헨티나, 브라질, 엘살바도르, 멕시코, 페루에서도 유사한 제도적 협약이 있었다는 근거는 분명하다.[10]

　마지막으로 북아일랜드에서 친영 불법 무장 단체들(주로 얼스터방위연합the Ulster Defense Association: UDA, 얼스터의용군the Ulster Volunteer Forces: UVF)과 북아일랜드 경찰 및 군대가 철저하고 긴밀하게는 아니었지만 서로 공모한 일도 이런 협력을 잘 드러내주는 사례이다. 경찰과 군대는 불법 무장 단체들에 일상적으로 정보(예컨대 아일랜드 공화국군Irish Republican Army, IRA 혹은 그 지지자로 확인되거나 추정된 자의 이름)를 제공했고 물자도 지원했던 것이다.[11]

　선진국에서는 비국가 집단을 과거보다 덜 사용하기는 하지만, 여전히 국가는 하청 강제력을 이용한다. 다만 국가가 제공하는 합법적 틀 내에 있는 하청 집단들을 주로 이용하는 경향을 보여왔다.[12] 그러나 국가와 초법적 활동을 하는 비국가 집단들 사이의 협력과 공모는 대부분의 국가에서 다양한 수준에서 계속되고 있다. 그럼에도 현대 국가 형성에 관한 문헌은 현대의 발전된 정치체에서 이런 집단의 다양한 역할을 대개 가리거나 철저히 무시한다. 사실 그런 제도적 협약을 인정하면 필연적으로 정당한 폭력 자원과 부당한 폭력 자원, 합법적 서비스를 명령하는 자와 불법적 서비스를 명령하는 자라는 엄격히 양분된 개념들이 복잡해진다. 더욱이 물리적 능력과 민주주의 능력, 이 둘이 모두 강한 정치체에서도 그런 사례들이 존재한다고 인정하면, 그런 현상은 그저 약하거나 실패한 국가에서만 나타난다는 통념에 이의를 제기하는 것이다.[13]

공적 무력과 민간 무력 시장: 실증적 틀

28쪽의 [그림1]과 설명이 이 책의 초점을 이해하는 데 도움이 될 것이다.

[그림 1]은 폭력 행사 조직을 정당성과 국가와의 관계라는 두 기준으로 분류한 것이다. 선진국의 공공 집행기관은 전통적으로 좌측 상단, 즉 (강제력 우위 수준으로 규정된) 정당성 수준이 높고 (민주국가에서는) 문민 통제에 종속된, 수직적으로 통합된 기관 집합에 위치한

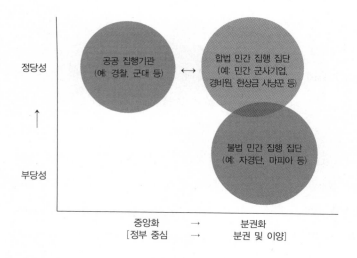

[그림1] 공적 무력 및 민간 무력 시장

다. 그런 조직에는 군대, 경찰, 검찰, 법원이 있다. 우측상단은 법적 허가를 받은 경비 회사, 민간군사기업, 현상금 사냥꾼 같은 비국가 행위자다. 그런 집단의 정당성은 국가가 제공하고 따라서 국가가 직접 관할한다.[14] 마지막으로, 주로 불법 폭력을 행사하는 집단은 우측하단이다. 이 범주의 행위자들은 마피아, 불법 무장 단체 및 용병, 자경단원으로, 주로 국가의 법적 관할 밖에서 활동하고 흔히 국가와 경쟁하는 것이 그 특징이다. 그러니까 이들은 정의상 부당한 속성을 지니고 있다. 이 책에서 관심을 갖는 것은 바로 합법 집단과 불법 집단이 (이론적으로, 그리고 실제로) 교차하는 모호한 지점과 그들이 국가와 맺는 관계이다.[15]

요컨대 국가 형성은 단판으로 끝나는 게임 같은 것이 아니라 계속 진행되는 과정이고, 이 과정에서 국가는 강제력의 수단과 사용에 대한 우위를 차지하고 그에 따른 정당성도 획득하려 한다. 국가는 경쟁자에 대한 그런 통제력을 얻고자 다양한 방법들을 이용해왔는데, 그중 하나가 폭력의 민간 조달자에게 무력을 하청하는 것이다.

범죄적 폭력 시장

[그림1]로 돌아가면, 민간 무력의 합법적 시장과 불법적 시장이 교차하는 게 보인다. 합법 기업이 불법 행위에 관여하는 예는 셀 수 없이 많고, 그 반대로 불법 기업이 합법적 시장에 보호 업무를 판매하는 예들도 있다. 다르게 말하면 합법 기업과 불법 기업 모두 합법 행위와 불법 행위라는 양극 사이에서 경제활동을 하는 것이다.[16] 이 사실로 인해 결국 서로 다른 유형의 조직들을 분류해 이름을 붙이기가 애매해진다. 해적과 사략선원을 예로 들어보자. 재니스 톰슨에 따르면, 사략선원과 해적의 차이점은 "사략선원이 자기 행동의 책임을 수용해주거나 책임져주는 국가의 권위 아래 행동한다면 해적은 사익에 따라 독단으로 행동한다"는 것이다.[17] 문제는 해적이 별 어려움 없이 해적도 사략선원도 될 수 있다는 것이다. 용병, 불법 무장 단체, 민간 경비 회사의 차이도 혼란스러울 수 있다. '용병'이라는 용어는

청부살인업자에서 타국을 위해 일하는 병력, 자국에 군무를 제공하는 민간군사기업에 이르기까지 온갖 것을 이르는 데 사용되어왔다.[18] 불법 무장 단체, 민병대, 깡패도 혼란스러울 수 있다. 예를 들어 한국의 초기 국가 형성기에 (뒤에서 상세히 설명할 텐데) 국가를 세우려는 이들이든 국가에서 권력을 잡은 이들이든 모두 기꺼이 깡패들과 협력하려 했고, 그렇게 깡패들을 '애국주의자'와 '민족주의자'의 강제력 행사 세력으로 탈바꿈시켜 냈다. 더욱이 오늘날 한국에서 마피아 집단의 주요 소득 활동 하나는 대검찰청이 '용역 깡패 활동'으로 지정한 범주다. 한국의 마피아 단원들은 자신들의 '회사'를 합법적 민간 경비 기업으로 등록한다. 그런 기업들은 합법적 보호 업무와 초법적 보호 업무를 모두 수행한다.

위에서 설명한 문제들 때문에 이 글은 그런 집단들의 범주화보다는 폭력 범죄의 주목할 만한 결과에(그것을 행한 집단이 법적으로 등록된 민간 경비 기업이든 마피아 같은 범죄 조직이든 상관없이) 집중한다. 이 연구의 범위는 국내 무력 시장에서 국가와 비국가가 협력하는 상황이다. 따라서 초국가적 규모로 활동하는 집단은 이 연구에서 제외한다. 또한 이 연구에서 제시한 이론이 종교에 기반을 둔 집단들이나 자국 혹은 타국 정부를 정복하려는 집단들에도 확대 적용할 수 있을 테지만, 그런 조직들에 관한 문제는 연구의 절약성[간략성]을 위해 제외한다.

요컨대 이 연구는 범주화 문제를 제외하고, 범죄적 폭력이 최종 결과인 국가와 비국가의 협력을 설명하는 데 집중한다. 기업이 법적으로 등록됐든 아니든 상관없이 그들이 불법행위에 연루된다는 사실에서 그들은 정의상 범죄 집단이 되고, 그에 따라 (적어도 이론적으로는) 국가와 관할권 갈등을 벌이게 된다.

초법적 무력 시장에서 활동하는 범죄 집단들은 흔히 마피아 유형의 조직으로 총칭한다. 옥스퍼드 대학교 사회학 교수인 디에고 강베타는 "마피아 단원은 무엇보다도 특정한 유용함, 즉 보호의 사업가이고 이는 보통의 범죄자, 보통의 사업가, 범죄적 사업가와 구별된다"고 말한다.[19] 강베타는 이탈리아와 시칠리아 마피아에 대해 연구조사를 벌였는데, 이러한 현상이 봉건제의 종말과 이후 이 지역에서 불화와 폭력적 갈등이 진화한 데서 비롯했다고 주장한다. 이어서 그는 그런 불안정성과 불신이 보호에 대한, 무엇보다도 계약 집행, 분쟁 해결, 재산권에 대한 보호의 수요를 크게 증가시킨다고 말한다.[20] 마피아가 이 '신뢰'를 대체하는 역할을 한다는 주장 외에도 그는 불안정과 폭력적 갈등이 심해진 지역에서 효과적인 국가 개입이 결여되어 있다는 것이, 폭력을 효과적으로 사용한다는 면에서 비교우위를 갖는 마피아와 같은 집단의 확산을 설명해준 또 하나의 핵심적 설명 변수라고 주장한다.[21]

이러한 주장들 외에도 범죄자들과 공사公私 행위자들 사이의 부패한 관계 문제는 그들의 기원과 성패의 상대적 수준을 설명해주는 가장 중요한 논점이다.[22] 일반적인 주장은 이렇다. 조직범죄 집단이 활동하려면 기본적으로 경찰과의 관계와 정치적 보호가 있어야 한다. 또한 수입을 세탁해 합법적 경제체제에서 사용할 수 있게 하는 수단들도 필요하다. 그런 기초적인 필요로 인해 범죄 집단은 (다양한 수준의) 공사 조직 모두에 잠입해 (뇌물을 주거나 기타 서비스를 제공해) 부패시키려 한다. 활동하는 데 필요한 공범 관계나 용인을 얻기 위해서다.[23] 사실 범죄 집단이 더 넓은 정치, 경제, 사회적 환경에 (할 수 있는 만큼) 들어가는 방법은 활동에서 성공하고 기소를 피하는(그러지 못하면 자신의 영향력과 서비스를 매매해야 한다) 능력의 중대한 조건일 수 있다. 궁극적으로 법의 지배와 법 집행 능력 같은 제도의 특성에 영향을 미치는 (그리고 구조화하는) 것이다.[24]

그런 집단의 기원과 존재에 대한 논의를 제쳐두면 우리는 특히 마피아 유형 집단이 [공권력, 경찰력 같은] 합법적 보호 자원과 꽤 비슷한 활동들을 수행하는 것에 집중할 수 있다. 주로 (a) 계약 집행, (b) 분쟁 해결, (c) 재산권 보호 등이 그것이다. 달리 말해 치안 유지 활동, 곧 전통적으로 엄격히 국가 영역에 속하는 것으로 간주되는 유용함 말이다. 이에 기초해 페데리코 바레제는 마피아가 국가의 관할권을 직접적으로 방해하고, 즉 본질적으로 보호의 공공 자원과 경쟁하고, [국가와] 주로 적대적인 관계를 맺는다고 주장한다.[25] 예를 들어 이탈리아 시칠리아의 주도인 팔레르모Palermo의 검사장 지안카를로 카셀리Giancarlo Caselli에 따르면 "마피아는 …… '자신의 영토, 인구, 법이 있는, 국가 내부의 국가로서' …… 국가 내부에서 자신을 하나의 국가로 세우려는 투지는 마피아의 독특성"이다.[26] 이탈리아 치안검사였던 조반니 팔코네Giovanni Falcone에 따르면 "마피아는 해체된 사회에서 보장되는 마피아의 핵심 가치들 때문이 아니라 마피아의 바로 그 본질 때문에 제거해야 한다. 한 사회에 두 정치체란 있을 수 없기 때문"이다.[27] 그러나 국가와 마피아의 경쟁에 관한 엄격한 모델들은 흔히, 폭력 자원이 정당한 것과 부당한 것으로 엄격히 양분된다는 잘못된 가정에 기초한다. 이미 주장했듯이 현실에서 그런 구별은 본질적으로 훨씬 모호하다.[28]

그러면 그런 협력 관계를 어떻게 설명할 수 있을까? 전통적인 답은, 국가 행위자와 비국가 폭력 집단 사이의 협력, 즉 단순히 그들의 활동에 대한 용인뿐만 아니라 때때로 조장하기까지 하는 그런 관계가 대개 부패와 상관관계가 있다는 것이다. 그러나 부패가 부분적으로는 그런 공생 관계의 동인이 될 수도 있지만 필요조건도 아닐뿐더러 충분한 설명도 못 된다. 분명 어떤 행위자가 국가로부터 계약을 수주하는지를 부패 관계가 실제로 결정할 수도 있다. 그렇지만 부패에만 기초한 설명들은 국가 능력의 차이에 따라 결정되는 전략 논리를 설명하지 못한다. 예를 들어 엄격한 경쟁 및 부패 관계 모델을 넘어선 이론적 주장들은 마피아 유형 조직의 협력과 조정이 집행 능력 부족에 대한 합리적인 반응임을 사실로 상정한다.[29] 예컨대 셸링은 암시장에 대한 분석에서, 범죄 그 자체는 "반反공익public bad"으로 간주할 수 있지만 마피아는 지상 세계, 지하 세계 모두에 공익을 제공하는 데 효과적일 수 있다고 제안한다. 그는 [본디] 지하 세계의 몫이지만 범죄가 [국가로] 중앙화되면[혹은 국가가 범죄를 관리하게 될 경우에는] 간과되는 비용(예컨대 갈등 조정 비용)의 대부분을 마피아가 흡수한다고 주장한다. 달리 말해 (처벌을 피하기 위해) 폭력을 제한해야 할 집단적 유인을 가지고 있는 마피아를 근절하면 합법적 시장에서 활동하는 제3의 조정자를 제거하고 그에 따라 체제를 시민사회에서 무정부 상태로 전락시키는 것과 같은 부작용(혹은 역진효과, 퇴행적 결과 등)이 발생한다는 것이다. 그의 모델에는 범죄는 결코 완벽히 근절될 수 없다는, 또 조직범죄의 대안이 비조직적 범죄라면 전자의 이익이 후자보다 클 것이라는 가정이 내포되어 있다.[30] 이렇게 셸링은 집행에 대한 더 실용적인 접근을 주장하고 한 가지 방법으로 마피아 유형 집단과의 타협과 준_협력을 제시한다.[31]

나의 현장 연구 결과는 대체로 조정이라는 셸링의 틀에 꼭 들어맞는다. 경찰은 깡패와 협력했고 현재도 계속 그러한데, 그 이유는 그래야 하기 때문이다. 예산 부족, 비대칭 정보, 다양한 범죄 유형, 경찰력을 늘릴수록 외려 줄어드는 효율성, 민주화 이후 용인되는 무력의 양에 대한 제도적·사회적 제약과 관련한 이유들로 경찰 및 기타 국가 행위자는 흔히 범죄 조직원과 협력한다. 물론 협력을 하는 행위자, 사례, 이유 들은 제각기 다르다. 모든 깡패가 경찰과 협력하는 것은 아니듯 모든 경찰이 깡패와 협력하는 것도 아니다. 그런 협약 및 협력적 관계를 이 장에서 간략히 다루지만 불법 상품 및 서비스 시장에 대한 조정과 그 이면의 정치는 이 책에서 다룰 연구의 범위를 벗어난다.

그러나 국가 행위자와 마피아 유형 조직의 협력은 암시장에만 국한되지 않는다. 예를 들어 강도를 막거나 정부에 반대하는 이들을 억압하는 일에서도 협력한다. 그런 현상 또한 단순히 부패와의 상관관계로 설명해버릴 수 없다. 그 현상을 이해하려면 국가 행위자의 전략적 결정을 바꿀 수 있는 제도적 제약들, 즉 정치, 경제, 사회적 동학으로 형성되는 제약들을 고려해야 한다.[32]

국가의 강도와 하청의 논리

강제력의 하청은 대개 국가의 강도剛度와 상관관계가 있다. 국가 강도란 무엇인가? 이 연구에서 국가 강도는 [국가] 능력과 사회 세력들에 대한 정치체의 상대적 자율성 모두와 상관관계가 있다고 정의한다. 이 책에서는 워싱턴대 정치학 교수인 조엘 미그달Joel S. Migdal이 정의한 능력 개념, 즉 "국가가 사회에 침투해 사회적 관계들을 조정하고 자원을 추출해 확고한 태도로 자원을 적절히 사용하는 능력"이라는 개념을 부분적으로 따른다.[33] 국가의 자율성은 사회 세력에 대해 독립적으로 활동하는 능력으로 정의한다. 하청 폭력이 능력 부족에서 기인하는 국가들은 능력의 논리에 따른 하청으로 설명한다. 달리 말해 그런 국가들은 무력도 키우고 영역도 넓히고자 폭력을 하청한다. 사회 세력들로부터 처벌이나 제재를 피하기 위한 하청 사례들은 규범적 틀에 따른 하청으로 설명한다.

일반적인 무력 하청 현상을 검토할 때, 그것이 국내적 연구든 국제적 연구든, 학자들은 대개 약한 국가 능력을 주요 동인으로 지적한다. 핵심 주장은 국가가 기존의 부족한 무력을 신장하거나 다른 수단들을 마음대로 사용할 수 있도록 강제력을 하청한다는 것이다. 또한, 특히 국내 환경과 관련해, 문헌들은 주로 그 현상이 국내에서 우위를 점하고자 그런 선택지를 이용하는 약한 혹은 이행기 국가, 약한 이행기 국가와 관련 있다고 지적한다. 이런 주장은 대개 유럽의 초기 국가 형성 연구들을 뒷받침하고, 또 중동과 라틴아메리카를 비롯해 세계의 상이한 지역에서 국가와 불법 무장 단체, 기타 비국가 폭력 전문 집단 사이의 협력을 살펴보는 최근 연구조사들도 뒷받침한다. 이런 추론에 따르면 다른 모든 조건이 같은 상황에서 국가의 능력이 커지면 강제력 하청 가능성도 그만큼 줄어들 것이다. 실증적 증거는 이 가설이 설명력이 강함을 시사한다.

능력 논거는 우리가 살펴보는 (개발도상국의) 국가와 비국가의 협력 유형의 상당 부분에 설명력을 갖고 있다. 또 3장에서 살펴볼 한국의 국가 형성 과정에서의 협력에 대한 초기의 실증적 보고들의 대부분을 잘 설명해준다. 하지만 이 논거만으로는 고능력의 선진국 환경에서의 그런 상호작용을 충분히 설명할 수 없다. 사실 능력이 국가 강도의 유일한 지표라면 일반적인 무력 시장에서, 특히 범죄적 폭력 시장에서, 국가와 비국가 집단이 지속적으로 협력한다는 것은 분명 더 까다로운 문제일 것이다. 국가 강도를 설명변수로 쓰려면 미그달의 정의로 돌아가서 국가 행위자들을 둘러싼 사회적·정치적 환경과, 국가가 사회와 연결되는 방식들을 고려해야 한다. 달리 말해 사회 세력에 대한 국가의 자율성 수준을 설명해야 한다. 국가 강도가 물리력 그리고 사회 세력으로부터의 자율성 모두와 상관관계가 있다는 것은 거의 논쟁적이지 않지만 무력 시장에서 국가와 비국가와의 협력을 설명할 때 그런 주장은 기존의 이론적 설명들을 잊고 있는 듯 보인다.

정치경제와 정치발전을 연구하는 학자들은 그런 교훈들에 주의해왔다. 예를 들어 해거드와 문정인이 적절히 설명했듯이 국가 엘리트가 의도한 정책과 실질적인 목표를 달성하는 능력은 정책 입안자들이 이용할 수 있는 도구와 의사결정 구조의 응집력과 상관관계가 있을 뿐 아니라 사회적 압력으로부터 얼마나 철저히 독립했는지가 중요하다. 자율성이 정책 결과 최적화의 충분조건은 아니지만 자율성 없이 "국가 엘리트가 전략 전반의 변화와 관련해 정치적으로 민감한 정책들을 추구하기란 어렵다"고 이들은 지적한다.[34] 이들의 분석 단위가 이 연구와 동일하지는 않지만, 이런 접근법을 취하는 밀러Milner를 비롯한 다른 연구자들의 연구 결과와 마찬가지로 그들의 연구 결과는 이 연구 결과와 꽤 상보적이다. 국가 행위자의 정책 수행 능력을 이해하려면 핵심적인 결정을 내리고 이행하는 행위에 사회집단이 끼치는 영향력을 설명해야 한다는 말이다.

갈등과 관련해, 한 국가 안에서 일어나는 이런 현상에 대한 연구조사들 대부분이 사회 세력의 영향을 고려하지 않지만, 메롬의 연구는 전쟁 수행에서 정치체의 효율성과 관련해 이를 특별히 검토하고 있다.[35] 구체적으로 말하자면 메롬은 민주국가, 즉 시민이 효과적으로 또 일상적으로 정치력을 행사하고 이익을 도모해 정치과정에 영향력을 행사할 수 있는 정치체가 소규모 전쟁이나 장기전을 수행할 때 근본적으로 불리하다고 주장한다. 메롬에 따르면 국가의 전쟁 수행력에 영향을 끼치는 기제는 그가 '규범 차이'로 부르는 것으로, 폭력의 정당성과 용인에 관한 국가와 사회의 선호 차이로 정의된다. 또 하나는 정책 선택과 그 결과에 대한 (집단에서 비롯된) 사회세력의 영향력 정도다. 둘 모두 국가의 전쟁 수행력에 현저한 영향을 끼칠 수 있다. 그에 따르면 규범 차이가 크고 그런 갈등에 반대하는 사회세력이 강할 때 그 갈등에 관여하는 국가의 능력과 성공은 현저히 줄어든다.[36] 다른 모든 조건이 그대로일 때 사회가 국가에 끼치는 영향이 커질수록 정치 엘리트들은 인기 없는 전쟁들을 수행할 때 제약이 많아진다.[37]

이 연구가 사실 민주 정권과 권위주의 정권의 차이, 그리고 그 정권 내부의 차이를 감안하지만, 다음 쪽의 [표1]에서는 국가 강도를 '능력'과 '자율성'이라는 두 가지 개념으로 간략하게 범주화한다.

[표1] 국가 강도

	저자율성	고자율성
저능력	QI. - 국가 행위자들이 사회에 들어가 사회의 모든 관계를 조정하고 사회의 모든 중요한 자원을 얻어내며 자원들을 확실하게 전유하거나 이용할 수 있는 능력이 제한적이고 사회 세력들로부터 독립적으로 권력을 휘두르지 못함 특장: 실패한 국가 혹은 지역의 전형적 특징	QII. - 국가 행위자들이 사회에 들어가 사회의 모든 관계를 조정하고 사회의 모든 중요한 자원을 얻어내며 확고하게 자원들을 전유하거나 이용할 수 있는 능력이 제한적이지만 사회 행위자들로부터 상당히 독립적으로 활동 특장: 약한 국가 혹은 지역의 전형적 특징
고능력	QIII. - 국가 행위자들이 사회에 들어가 사회의 모든 관계를 조정하고 사회의 모든 중요한 자원을 얻어내며 확고하게 자원들을 전유하거나 이용할 수 있는 능력이 있지만 사회 세력으로부터 독립적으로 권력을 휘두르지 못함 특장: 안정된 자유민주국가/지역의 전형적 특징	QIV. - 국가 행위자들이 사회에 들어가 사회의 모든 관계를 조정하고 사회의 모든 중요한 자원을 얻어내며 확고하게 자원들을 전유하거나 이용할 수 있는 능력이 있고 사회 행위자들로부터 상당히 독립적으로 활동 특장: 강한 권위주의적 혹은 자유주의적 민주국가/지역의 전형적 특징

[표2] 예상되는 주요 사항

	저자율성	고자율성
저능력	QI. 강제력 하청 가능성에 능력 논리와 규범적 틀 모두가 큰 영향을 줌	QII. 강제력 하청 가능성에 능력 논리가 큰 영향, 규범적 틀이 작은 영향을 줌
고능력	QIII. 강제력 하청 가능성에 능력 논리가 작은 영향, 규범적 틀이 큰 영향을 줌	QIV. 강제력 하청 가능성에 능력 논리와 규범적 틀 모두가 작은 영향을 줌

[표1]과 같은 아주 단순화한 모델이 국가의 역량과 관련된 복잡성을 모두 포착할 수는 없다(예컨대 국가가 능력이 크거나 작다, 자율성이 크거나 작다고 단순하게 가정하는 것은 비현실적이다). 하지만 이 표에서 중요한 것은 국가 강도와 관련해 국가 행위자가 무엇을 할 수 있고 없는지, 그리고 그 이유가 무엇인지를 이해하는 데 이러한 범주화가 도움이 된다는 점이다. 더욱이 무력 시장에서 민간 행위자에게 하청을 줄 것인지 아니면 그들과 협력할 것인지에 대한 국가 행위자의 결정에 그런 국가 강도 지표가 지역과 시간, 사안을 초월해 영향을 미친다는 점은 매우 중요하다. [표2]는 이 연구에서 예상하는 기초 사항이다.

하청은 국가 행위자들이 마음대로 사용할 수 있는 많은 잠재적인 제도적 협약 가운데 하나일 뿐이다. 그러나 하청이라는 선택지가 제도가 결함이 있거나 불완전할 때 흔히 택하는 반응이라는 것은 꽤 자명하다.

결론

국가의 이상적 정의는 폭력의 수단 및 사용에 대한 독점이지만 실증적으로 그런 통제력은 가변적이다. 통제력이 가변적일 때 국가 및 국가 추구자는 둘 다 자신의 권위를 어떻게 확고히 해야 하는가 혹은 회복해야 하는가라는 도전에 맞닥뜨리게 된다. 저능력, 저자율성과 상관관계가 있는 약한 국가 강도에서 무력 하청은 기존 문헌이 인정하는 것보다 훨씬 널리 퍼져 있는 제도적 협약이다. 더욱이 불법 집단에 폭력을 하청하는 현상은 강제력의 정당한 자원과 부당한 자원 사이의 분명한 경계와 차이라는 우리의 일반적인 개념에 혼란을 준다. 이 국가 권력의 '회색 지대'는 널리 퍼져 있지만 좀처럼 연구되지 않고 잘 이해되지도 않는다. 특히 민주국가 내부의 맥락에서는 더 그렇다. 이 장에서 제시한 논리가 이 현상을 이해하는 데 도움이 될 것이다.

3장

한국의 무력 시장

: 사법부에서 경찰, 국정원까지

3장에서는 한국의 공적 무력과 민간 무력 시장을 서술하려 한다. 이 장은 여러 집단과 조직의 구성, 규정과 연혁, 관계 등을 정리한 것이긴 하지만, 이 장 이후에 이어지는 한국 근현대사의 실제 사례들을 바탕으로 한 내용들을 이해하는 데 핵심적인 내용들을 담고 있다. 거듭 말하자면 이 글은 다른 모든 조건이 동일한 상황에서 국가의 무력 하청이나 국가와 비국가 폭력 전문 집단의 협력이 능력 및 규범과 관련이 있다는 것을 사실로 상정한다. 따라서 이 장에서는 국가의 제도적 능력과, '법에 의한 지배' 규범에서 1980년대 말 시작된 '법의 지배' 규범으로 국가가 진화했음을 제시한다. 그리고 집행을 담당하는 다양한 국가 행위자들의 기원과 생존에 특별히 주목한다.

그런데 공적 행위자 및 기관 들이 무력 시장의 유일한 행위자는 아니다. 민간 강제 사업가도 공적 사업가와 평화적으로든 경쟁적으로든 공존하고, 따라서 특별히 주목할 필요가 있다. 이 글에서 주목하는 한국의 주요 비국가 행위자들, 이를테면 한국형 '마피아'들은 국가가 합법적으로 허가한 관할권 밖에서 주로 활동한다. 한국의 조직범죄, 구체적으로는 무력 시장의 조직범죄의 파벌들을 주제로 한 믿을 만한 연구는 거의 없다. 그래서 이 단락은 내가 면담하고 직접 관찰한 것에 상당히 의존한다. 이 집단들의 기원과 활동을 살펴보는 것이 글을 이해하는 데 도움을 줄 것이라 믿는다.

공적인 보호 자원들의 역사

사법부, 법무부, 경찰청으로 구성된 한국 사법제도의 역사를 돌아볼 때, 이들이 (대부분 본질상 권위주의적이었던) 정권들로부터 중립적이었던 적은 사실상 없다. 공정한 자유선거를 통한 대중의 지지와 정당성을 결여한 박정희, 전두환, 그리고 어떤 면에서는 노태우까지도 포함하는 군사정권들이 사법제도를 이용한 방식은 식민지 시기와 미군정기, 이승만 정권기 때와 대개 똑같았다. 경찰과 불법 무장 단체 들은 법원과 검찰의 후원을 받으며 '불충한' 시민들과 정치적 반대자들을 통제하거나 무력화한다는 명목 아래 시위를 진압하는 데 일상적으로 동원됐다.[1] 사실 대한민국 초창기부터 1990년대까지 사법제도는 치안보다는 정치권력의 지배를 확고히 하는 데 사용됐다.

사법제도의 손발인 경찰력은 너무도 쉽게 인권을 침해해 '깡패와 진배없이 군다'는 불명예스러운 평판을 얻었다. 이 모든 것은 국가 발전, 그리고 더 정확히는 북한과 전쟁 중인 정치체의 보존이라는 한 쌍의 기치 아래 수행됐고, 정당화되었다. 1987년, 민주적 선거가 이행되면서 사법제도 개혁에 대한 요청들이 정치적으로 두드러졌고, 이런 목소리들을 무시하기에는 그 대가가 커졌다. 이 단락은 사법제도 내부 각 행위자들이 맡은 역할과 활동 방법을 확인하고 그들이 민주적 개혁 과정에서 어떻게 변화했는지를 서술한다.

사법부

근대 이후 행정부와 분리된 사법부는 법원을 통제한다. 대법원, 고등법원, 지방법원, 그 지원支院들, 그리고 특별법원으로 구성되어 있으며, 이 모든 기관은 행정사건, 민사사건, 형사사건, 법령에 명기된 기타 사건들을 판결하는 권한을 부여받는다. 1988년에 설립된 헌법재판소는 법원의 요청에 따라 법령을 비롯해 탄핵 혹은 정당 해산과 관련한 사안의 합헌성을 판결하는 역할을 맡는다.[2]

　사법행정은 대통령이 임명하는 대법원장이 '사실상' 통제하고 대법원장은 대법관들을 지명해 사법부에 대한 행정 통제를 행사한다. 대법원장과 대법관 외 판사들은 대법원장이 대법관회의의 동의를 얻어 임명한다. 6년 단임인 대법원장은 "정치적 영향의 통로 혹은 그런 영향을 막는 차단물"이 될 수 있다.[3]

법무부와 대검찰청

행정부 조직인 법무부는 범죄 수사, 용의자 기소, 형사재판 집행 감독을 담당한다. 검사의 수장인 법무부 장관은 대통령이 임명한다. 다음은 검찰총장으로, 마찬가지로 대통령이 임명하고, 하위 검사는 상위 검사에 복종해야 한다고 명기하는 '검사동일체의 원칙'에 따라 모든 하위 검사들을 감독한다. 이 원칙은 부분적으로 많은 비판을 받아왔는데, 담당 검사가 대검찰청이나 집권당의 압력으로 수사를 하지 못한 사건들, 특히 유력한 정치인, 고위 관료, 영향력 있는 사회 인사가 관련된 사건에서 그러했다.[4] 검사동일체의 원칙과 더불어 검사는 기소 여부에 대한 넓은 재량권을 갖는다. 이 때문에 검사들은 힘 있는 사람이 관련된 범죄를 조사하기를 주저하거나 노골적으로 거부한다고, 조사를 하더라도 편향되어 있다고 비판받기 일쑤였다.[5] 1987년 민주주의 이행기의 여파로 과도한 영향력을 해결하기 위한 조치들이 도입되었다. 검찰청 소속이지만 검찰총장의 직접적 지배를 받지 않는 특수부를 창설한 것이 그 예로, 특수부는 고위 관료, 정치인, 민간 영역의 엘리트가 관련된 부패 조사를 위해 설립됐다.[6] 이 개혁 조치는 다른 것들과 함께 이 장 후반부에서 논의한다.

경찰은 한국의 국가 형성에서 분명하고 두드러진 역할을 맡아왔지만, 법에 따라 그 지위가 검찰청에 종속된다. 형사사건의 대다수를 경찰이 다루지만 경찰관은 현실적으로 검사의 승인 없이는 수사권도 없고 대개 구속도 하지 못한다. 일례로, 사소한 예외가 있지만,

범죄가 3년형 이상을 받을 수 있는 경우 경찰은 검사에게 구속영장을 신청해야 한다.[7] 경찰의 신청이 들어오면 담당 검사는 이를 심사해 판사에게 영장 발급을 요청할지 결정한다. 압수수색영장에도 동일한 절차가 요구된다. 검사와 사법경찰관의 관계는 협력 관계가 아니라 명령과 복종 관계다. 따라서 검사는 수사에서 사법경찰관들을 지휘·감독하고, 경찰은 검사의 공식 명령에 복종해야 한다.[8]

경찰

지금과 같은 한국의 경찰 구조는 일본 점령 시기에 군대와 경찰을 현대화한 데서 그 원형을 찾을 수 있다. 그런 탓에 한국 경찰은 근래에 개혁을 단행했다고는 하지만 여전히 고도로 중앙화된 국가 기구이다. 한국 경찰은 군대와 독립되어 있고, 지방경찰청, 경찰서, 지서로 구성되어 있다. 식민지 시기가 끝나면서 미군정은 1946년에 공식적으로 한국 경찰을 설립했고, 적어도 서류상으로는 즉결형 관행을 폐지하고 경찰의 직무를 범죄 통제, 치안과 사회 질서 유지, 공산주의 활동에 대한 정보 수집으로 제한했다.[9] 이 책의 다음 부분에서 강조하겠지만 경찰은 한국전쟁 전후前後의 역사에서 그 이름을 지울 수 없을 만큼 확연하고 잔혹한 역할을 맡았다. 2011년을 기준으로 할 때 경찰관의 수는 10만 1239명, 즉 인구 510명당 1명꼴이고, 전국 각지에 경찰소가 428곳, 지소가 1517곳 있다.[10]

정규경찰 외에도 전투경찰(작전전경)과 의무경찰을 포함하는 전투경찰 부대가 있다. 전투경찰제는 1967년에 설립됐고, 징병제이며, 북한의 간첩 및 무장공비와의 전투를 담당한다[전투경찰제는 2016년 1월에 폐지되었다]. 1982년에 시작된 의무경찰제는 지원제로 일반적인 군복무의 대체 복무이다. 그러나 창설 목적이 무색할 만큼 두 부대는 시위와 기타 반국가 활동을 진압하는 데 일상적으로 사용되어왔다. 정규경찰과 마찬가지로 두 부대는 공격적인 전술을 쓰는 경우가 많았고, 사회와 폭력적으로 대치한 사례는 셀 수 없이 많다.[11]

표창원에 따르면 경찰의 정치화는 고위직의 임명과 지휘관의 짧은 임기 수명, 그리고 그에 따라 유력한 정치인의 후원을 추구하는 고위직과 더불어 시작된다.[12] 예를 들어 경찰청장은 정치적으로 임명되고 임기는 보통 1~2년 유지된다. 그로 인해 경찰청장직을 얻으려는 사람들은 정치적 후원자를 구할 뿐 아니라 민간의 지지자도 구해 퇴직 후 '낙하산'(일본에서는 하늘로부터 내려온다는 뜻의 '아마쿠다리ぁま くだり'라고 한다)으로 들어갈 자리를 찾는다.[13] 경찰은 정치권이 청장의 임명권을 쥐고 흔드는 대로 휘둘려왔던 것이다. 경찰은 선거를 조종하던 내무부[1998년에 행정자치부로 통합되었다]의 직접적인 원조 아래 있었고, 그로 인해 각 정부의 선거 조작은 더 효율적으로 이뤄졌다.

중앙정보부/국가정보원

박정희의 쿠데타가 있고 약 한 달 뒤인 1961년 6월, 정변의 중심인물이었던 김종필의 지도 아래 중앙정보부가 주요한 정보 수집 기관으로 설립됐다.[14] 중앙정보부는 본래 국내외 정보 작전과 고위직 관련 범죄 수사를 감독하기 위해 설립되었지만, 이내 한국의 정치경제적 환경에서 가장 힘 있고 억압적이며 강제적인 세력이 되었다.[15] 1973년 김대중 납치 및 살인 미수를 비롯한 무수한 고위직 관련 사건들, 그 밖의 빈번한 구금 및 기타 인권 침해를 저지른 연이은 권위주의 정권 동안 중앙정보부는 눈부시게 활약했고, 금세 가장 경멸스럽고 두려운 기관이라는 평판을 얻었다. 중앙정보부의 이런 활동은 북한과 공산주의의 위협이 계속되는 상황에서 불가피하다고 정당화됐다.[16]

중앙정보부의 활동 범위는 비밀스럽고 모호했다. 주로 어떤 공식 통제도 받지 않았고 오직 박정희에게만 보고할 책임이 있었다.[17] 그레고리 핸더슨은 『소용돌이의 한국정치』에서 이렇게 평했다.

중앙정보부는 고전적인 모호성을 현대적인 비밀로 대체했고, 국내외에서 조사, 체포, 테러, 검열, 대대적 신원조사, 그리고 수천 명의 요원, 밀고자, 스파이 등을 추가했다. …… [한국] 역사상 …… 어처구니없을 정도로 그 기능이 팽창된 시기에 중앙정보부는 정부를 폭넓게 고문顧問, 감시하고 숱한 정부기획을 입안했으며, 입법부의 발의와 그 근거가 되는 연구 결과의 대부분을 산출했고, 신임 정부기관 요원들을 모집하고 일본과의 관계를 고무했으며, 기업체를 후원하고 백만장자들한테 돈을 빼앗았으며, 학생들을 감시하고 조직했으며 브로커를 통해 한국 주식시장을 조작해 4000만 달러를 벌었고 극단, 무용단, 관현악단 및 대규모 관광

센터를 후원했다.[18]

중앙정보부는 1960년대에는 외양적 민주주의의 지배 아래 어느 정도 제약을 받았다. 그러나 1972년 10월 유신으로 박정희의 권위주의가 공식화되던 때, 부총리급 부서로 지위가 격상되면서 모든 제약에서 벗어났다.[19] 중앙정보부는 노동 통제와 억압에서도 주요한 역할을 맡게 되는데, 이것과 관련해서는 4장에서 이야기한다.

체제 개혁: 1987년 이후 민주적 선거들

1980년대 말에 이뤄낸 민주화로 형법 및 형사소송이 상당히 바뀌었다. 형법은 권위주의적 지배의 상징이었고, 연이은 권위주의 정권들은 반체제 인사들을 억압하고 민중을 통제하는 데 그것을 이용했다. 민주화 이후 국회의 주요 과제 하나는 형사소송법 개정이었다. 1987년에 헌법이 개정되면서 형사소송법 절차가 바뀌었고, 피의자에 대한 정당한 법 절차가 핵심 가치로 명문화되었다. 인권 법안에는 변호인의 도움을 받을 권리, 공정하고 신속한 재판을 받을 권리, 고문 방지 조치, 그리고 기타 인권 보호의 명문화에 대한 요건들도 포함됐다. 1988년과 1995년 법 개정으로 피의자의 권리가 더 강화됐고, 헌법재판소가 1988년에 사법 감독 기구로 창설됐다.[20]

검찰은 수사와 기소에 대한 온전한 권한을 유지했는데, 정치인, 고위 관료, 영향력 있는 시민들을 수사하기 위해 [1982년에] 중앙수사부가 창설됐다.[21] 개혁을 단행했지만 검찰은 대통령의 권력과 긴밀한 관계를 맺고 있다는 비판에서 벗어나지 못했고, 그에 따라 대중은 정권이 상당히 부패해 있다고 생각해왔다(중앙수사부는 표적수사, 뇌물 수수, 민간인 사찰 등 수사 신뢰성 논란 끝에 2013년 폐지되었다).[22]

사법제도 내부의 여러 조직 가운데 경찰은 대부분의 개혁이 이뤄진 조직이었다. 경찰이 어느 정권이든 정권의 강력한 도구라는 것은 야당도 인정했다. 개혁에 대한 요구는 빈번했고, 1955년, 1960년, 1972년, 1980년, 1985년, 1989년에는 경찰의 중립성과 구조적 자율성 확대를 요구하는 공식적 제의들이 있었다.[23] 1987년 민주적 개혁이 개시된 후 개혁을 지지하며 벌이는 야당과 시민들의 시위가 점점 더 도드라졌고, 이번에는 경찰대학 학생과 졸업생도 참여해 결국 1991년에 경찰법이 제정되었다.[24] 이 법으로 경찰청은 내무부의 직접적 통제를 받지 않게 됐다. 또한 시민으로 이뤄진 구성원들이 (정치적으로 임명되는) 경찰청장에게 예산, 장비, 인권 침해 혐의, 인사에 관해 조언하는 경찰위원회도 설립되어 민간 감독이 가능해졌다.[25] 1999년에는 새로 임명된 이무영 경찰청장이 개혁을 추가로 수행했다. 이 청장은 과거 경찰의 특징을 "전체주의 국가 구소련의 경찰 시스템"으로 규정한 바 있는 김대중 대통령이 임명했다.[26] 눈여겨볼 만한 변화는 민간과의 협력 및 감독 조치를 늘린 것이었다.

감독 및 설명 책임 강화 조치 외에도 경찰 내부에 만연한 부패 문제에 대한 해결책이 제시됐다. 이전에는 경찰관이 추가 조사 없이 피의자를 풀어주거나 사건을 조작해주는 대가로 피의자에게 뇌물을 받거나 요구하는 일이 다반사였다. 이에 대한 조치로 경찰의 임금이 일괄적으로 점차 인상됐으며, 뇌물이나 기타 침해 사건들에 연관된 경찰관과 민간인 모두에 면직 혹은 형사 고발을 비롯해 엄한 처벌을 가하는 정책이 도입됐다. 감독 강화 조치로 경찰은 부패, 잔혹 행위, 기타 배임 행위에 대한 민원을 접수해 조사하는 독립 부서를 경찰서마다 설치했다. 2004년에는 경찰 부패 신고 포상금제가 신설되어 뇌물 수수를 신고하면 최대 1000만 원을 받게 됐다.[27]

이러한 개정 외에도, 1993년에 김영삼이 이승만 이후 첫 문민 대통령으로 당선된 후 국회는 주요 정보기관들과 관련한 법들을 개정했다. 김영삼 정권이 '하나회'를 해체하며 체제를 전복할 위험이 있는 군 파벌들을 숙청한 뒤였다.[28] 이로써 중앙정보부의 후속 기관인 국가안전기획부와 국군기무사령부가 예산과 인사관리뿐 아니라 작전 수행 방식도 의회의 감독을 받게 됐으며, 또한 정치에 개입하지 않고 본래의 임무로 돌아가도록 하는 법적 장치가 마련되었다.[29]

요약

식민지 시기부터 1987년까지 한국의 현대 사법제도와 강제력 행사 집단들은 주로 정권의 생존을 유지하는 역할을 담당한 힘이었다. 국가 건설과 국가 안보라는 이름으로 이루어진 잔혹한 관행, 즉결 심판, 그리고 막대한 인권 침해의 역사는 자명하다. 경제 발전, 중산층의 증가, 국제적 요인, 이 모든 것이 민주적 개혁에서 한몫을 했다는 것은 자명한 사실이다. 결국 지속적인 선거와 증가한 시민 참여(예컨대 시민단체)를 통한 민주적 압력으로 인해 과거 정권들이 국가를 보존하고 통제력을 확장하기 위해 이용했던 잔혹하고 억압적인 수단들은 그 정치적 대가를 크게 치러야 했다.

민간 강제력 자원들의 변화

한국에서 무력 시장의 비국가 행위자에 대한 역사를 살펴보는 것은 무척 흥미로운 일이다. 국가와 비국가 또는 민간이 치안 유지에서 협력한 사례는 고려왕조(918~1392년) 같은 이른 시기에도 있었지만 정식화된 관행의 기원은 조선왕조(1392~1910년)의 마지막 세기에서 찾아볼 수 있다. 일본 야쿠자의 기원에는 노점, 행상 패거리인 '데키야(的屋)'가 있다. 데키야의 일부는 나중에 야쿠자가 되는데, 한국의 행상인 '보부상'과 유사한 데가 있다. 보부상은 상호부조를 위해 긴밀한 공동체로 단결했다.[30] 행상은 사회계층에서 맨 밑바닥에 위치했는데, 대개 '태생이 천한, 집도 절도 없는 떠돌이'로 여겨졌고 실제로도 그런 대우를 받았다. 행상, 특히 여기저기 떠돌아다니는 행상들은 높은 계층의 약탈을 피하기가 쉽지 않았다. 박원선에 따르면 "고려왕조 말엽, 지방 관리의 갈취와 산적의 공격에 대비하고자 전국 각지에 흩어져 있던 행상들이 큰 무리를 이루었고 자신들의 이익을 보호하고자 대동단결해 상인 조합을 조직했다."[31] 달리 말해 행상의 재산권과 안전권에 대한 집행이 공적 영역에서 충분히 이루어지지 않았기 때문에 사적 보호에 대한 수요가 생겨났던 것이다.

19세기에 행상들은 조선 정부와 중요한 관계를 형성했다. 국가는 그들에게 반관半官 징수원(시장에서 판매세 징수), 밀정, 염탐꾼의 역할을 요구했고 무력 충돌이 일어날 때에는 이들을 지원 부대로 뽑기도 했다. 이런 긴밀한 관계와 다양한 역할로 인해 그들은 가장 중요하고 유력한 비정부조직이 되었다.

충성에 대한 보답으로 정부는 이들에게 시장의 감독 자리를 주어 상품 전매권과 기타 상권을 누리게 했다.[32] 헨더슨은 이렇게 썼다. "보부상동업조합은 신분이 낮고 비천한 것을 무기로 삼는, 널리 알려진 조직기능의 한 흥미로운 사례다. 그리고 그것은 이미 조선사회 내의 조직기능에 부여된 '천한 신분'이라는 사회적 의미를 더욱 강화시켰다. 유럽의 길드는 중앙의 폭군을 제어하는 역할을 담당했지만, 조선의 길드는 중앙권력의 보조기관 구실을 했다."[33] 1910년 한반도가 일본에 합병되면서 행상 협회와 그 특권적 지위는 사라졌고 행상들은 폭력적 억압에 처했으며 조직은 거의 절멸했다.[34]

폭력 하청 관행의 역사는 아주 오래됐다. 그런데 현대의 범죄 폭력 집단의 역사적 기원은 해방 후 정치, 경제 무대를 지배한 불법 무장 '청년 집단'의 역사와 거의 구별되지 않는다. 그들의 역사는 다음

장에서 더 자세히 서술하기로 하고, 여기서는 그런 일당이 '더러운 일'을 하고 정계 보스와 실세 들의 전제적 요구를 충실히 수행했다는 것, 즉 내내 보호 사업을 하고 그러면서 갈취도 일삼았다는 것 정도만 이야기하고 넘어간다. 이런 집단들과 사회의 관계는 과거에도 물론 광범위했고 아주 큰 영향을 미쳤으며 현재도 그러하다. 예를 들어 방첩대장 '스네이크'[빨갱이를 다루는 방식이 잔인해 미국인들조차 '스네이크 김'이라 불렀다] 김창룡이 한 일당의 우두머리 고희두를 고문치사한 사건에 대한 미군 방첩대 보고서는 이렇다.

> 고희두는 원남동 동회장이며 민보단 동대문구 단장이고 동대문 경찰서 후원회장이며 사법 보호위원회 회장이었다. 이런 직함은 그의 명함에 적힌 것이다. 고희두는 동대문 경찰서 관할의 청계천변에서 장사하는 노점상 대표였다. 그는 수천 명이나 되는 젊은이들의 실질적인 지도자였다. 어떤 면에서 동대문과 청계천의 통제권을 장악한 자는 서울의 실질적인 지배자로 여겨질 수 있다.[35]

그런 광범위한 관계망을 통해 비국가 범죄 집단들은 박정희 군사 쿠데타가 일어나기 전 국가 형성에서 막대한 역할을 했다. 그러나 1961년과 1963년 사이 박정희의 지배 아래 경찰은 조직적 활동으로 범죄 집단의 일원 약 1만 3000명을 체포했다. 사회 혼란에 책임이 있는 집단들을 사회에서 제거하는 것이 공식 명목이었다.[36] 2004

년에 발간된 대통령소속의문사진상규명위원회 1차 영문보고서(이하 의문사위 보고서)는 대개 그런 활동이 시민들의 승인을 얻어냈다고 말한다.[37] 대중의 지지는 의심할 여지 없이 유용했다. 비록 이후 박정희가 1963년, 1967년, 1971년에 대통령직을 얻기(유지하기) 위한 노력에서는 꼭 필요하지는 않았지만 말이다.[38] 그런 범죄 조직들이 흔히 박정희 반대파의 기반이었다는 것도 문제가 되지 않았다.[39]

1979년 박정희가 암살된 후, 전두환은 1980년에 광주민주화운동을 잔혹하게 억압한 뒤 곧바로 집권했다.[40] 대중의 격분과 '자발적인 저항'을 산 이 사건에 대한 군부의 대응에 대해 의문사위 보고서는 이렇게 지적했다. "권력 공고화 과정에서 신군부는 시민에게 공포를 심어주는 한편 대중의 환심을 사는 이중 전술을 사용했다."[41] 전두환 행정부는 이를 '정의 사회 구현'이라는 구호 아래 실시하며 군사 반란을 정당화하려 했다. 이런 정책의 일환으로 처음에는 계엄 포고령 제13조 선포, 그리고 1980년 사회안전법을 통해 '사회정화'라는 이름으로 범죄자와 반체제 인사 들을 체포했다. 군경은 전 지역에 내려진 체포 할당에 따라 영장 없이 시민 6만 7055명을 구금했고 그중 4만 명을 군대가 운영하는 악명 높은 캠프인 '삼청교육대'(정화/교육 캠프)로 보냈다. 이렇게 체포 구금된 이들 가운데 52명은 삼청교육대에서 사망했고, 397명은 '재교육' 중 받은 잔혹한 대우에 따른 사유로 퇴소한 뒤 사망했으며, 4명은 실종됐고, 2763명은 신체장애자가 됐다.[42]

‘정화 캠프’ 외에도 1980년 전두환 정권은 ‘사회보호법’을 도입했다. 이 법으로 법무부는 재범할 수 있다고 간주되는 이들을 법원이 언도한 형기 외에 추가로 감호소에 구금할 수 있게 됐다. 1980년과 1987년 사이 유죄 판결을 받은 이 가운데 7500명이 본 형기 외에 2년 구금을 추가로 선고받았다.[43]

　이런 ‘사회 정화’ 및 각종 ‘일제 단속’ 정책들은 (처음에는 박정희, 다음은 전두환)정부가 통제를 행사하고 있다는 생각을 사회에 심어주었을 뿐 아니라 경찰과 범죄자들이 점점 더 서로 친밀해지는 통로가 되기도 했다.[44] 더욱이 경찰은 권력에 대한 수사는 거의 하지 않았지만 개인에 대한 재량권은 아주 넓었다.[45] 관대한 처분을 내리거나 노동 캠프로 보내는 것은 경찰의 특권에 달려 있었다. 그런 권력은 당국이 범죄자들에게 영향력을 행사할 주요 수단이 되었고, 나아가 경찰이 조직범죄의 뒤를 봐주는 기회도 되었다.[46]

　이러한 강경책들이 맹위를 떨쳤음에도 1970년대와 1980년에는 사회통제가 느슨해졌고 구매력이 커졌으며 합법적으로든 불법적으로든 돈을 벌 새로운 기회가 늘어났다. 예를 들어 전두환은 브루스 커밍스가 ‘한국의 천안문 사태’[47]로 부른 광주민주화운동에 대한 탄압이 초래한 대중의 불안과 불만을 달랠 대응책으로 ‘3S’ (섹스, 스포츠, 스크린영화) 정책을 도입했다.[48] 그중 대표적인 것이 오락 및 유흥 산업 제한과 외설 영화 검열에 대한 점진적 축소, 스포츠 장려였다. 이 정책의 일환으로 약 36년간 시행돼온 자정부터 4시까지의 통행 금지도 해제됐다. 과거에도 여러 유흥가가 이런저런 형태로 존재하기는 했지만 유흥 산업이 확대되게 된 핵심 원인은 통금 해제였다. 전두환의 '3S' 정책이 정권이 의도한 대로 이득이 되었는가에 대한 답은 분명하다. 오락 및 유흥 산업과 심야 유흥 문화가 폭발적으로 증가한 것은 의심할 여지가 없고, 한편으로 이는 조직범죄 집단들에게 엄청난 이익을 가져다주었다. 오늘날까지 지속돼온 이 유흥 산업은 조직범죄 집단의 첫째가는 수입원이다.[49]

유흥 산업의 성장은 유흥가의 확대로도 이어졌고, 당시 성황을 이뤘던 유흥 지역에는 현재도 그런 업소가 밀집해 있다. 유흥가의 성장과 정부가 묵인한 불법 활동은 결국 그런 지역에서 경찰과 조직범죄 집단들이 협력해 치안을 확보하고 질서를 유지할 기회를 늘렸다.

유흥 산업의 확대 외에도 1981년에 서울이 86아시안게임과 88 올림픽 개최지로 결정되면서 건설, 재개발, 민간 경비 산업들의 붐이 일었고 조직범죄 집단들은 그런 산업에 잠입해 국가 및 사업 관계자들과 자신들의 폭력 서비스를 계약할 수 있었다.[50]

조직범죄의 전성기로 간주되는 1980년대와 1990년대에 서울의 폭력 범죄 시장을 지배한 조직들에는 신상사파와 한때 더 큰 호남파를 이루었던 세 집단이 있었다. 세 조직은 서방파, OB동재파, 양은이파로, 지금도 이러저런 형태로 존재하고 있다.[51] 1970년대 초, 서방파 두목 김태촌은 이른바 사시미 칼 시대를 열어 유명해졌다.[52] 나는 이 연구에 참여한 많은 이들이 자랑스레 보여준, 칼에 찔리고 베인 무수한 흉터를 보면서 그의 유산을 직접 체험할 수 있었다. 긴 칼 외에도 한국 깡패들은 보통 쇠 파이프, 야구 배트, 도끼, 검, 소화기 를 무기로 쓰는데, 이는 엄격한 총기 규제의 결과로 보인다.[53]

수와 활동

집단 및 조직원의 수에 대해서는 조사 주체와 시기에 따라 추산 결 과가 제각각이지만, 2006년 대검찰청의 내부 연구에 따르면 한국 곳 곳에서 활동하는 범죄 집단은 383개, 그 조직원은 4만 7251명, 즉 같 은 해 인구 1000명당 1명꼴이다.[54] 이 연구에 따르면 이 집단들이 주 요 활동과 수입원은 다음 [표3]과 같다.

[표3] 조직범죄 집단의 주요 수입원[55]

활동	집단 수	백분율
1. 유흥 산업	192	52.2%
2. **용역 깡패**	121	32.9%
3. 불법 사행 산업	101	27.4%
4. 음란 사업 운영	63	17.1%
5. 불법 성매매	37	10.1%
6. 공매 조작	26	7.1%
7. 탈세	23	6.3%
8. 마약 제조 및 유통	19	5.2%
9. 인신매매	12	3.3%
10. 부동산 투기	8	2.2%
11. 기타	22	6.0%

출처: 「조직폭력 범죄의 실태에 관한 조사연구」, 2006.10., 173쪽.

이 가운데 이 책에서는 두 번째 항목인 '용역 깡패'에 집중한다. 하지만 다른 활동들도 합법 시장에서 집행의 공적 자원에 의존하는 방식과 동일하게 대개 직접적으로든 간접적으로든 위협이나 폭력에 의존한다는 것을 짚고 넘어갈 필요가 있다.

조직범죄 집단들은 여러 합법 사업에도 관여한다. 유력한 혐의들(예를 들어 합법적인 바, 단란주점, 레스토랑 운영 등) 외에도, 민간 경비 산업의 성장은 강제력 행사 전문 틈새시장을 제공했다. 1976년 용역 경비업법이 생기며 합법화된 민간 경비 산업은, 국가가 이전까지 직접 담당하던 강제 철거 같은 일들을 1980년대 중반 이후 민영화하면서 급격히 성장했다.[56] (주로 건물을 보호하거나 호송 업무를 하는 집단들과는 달리) 주로 강제에만 집중하는 집단들은 '용역 회사'로 불리고, 더 넓게는 '건설 용역'으로 불리기도 한다. 용역 회사들은 대개 공식 등록이 되어 있고 그런 이유로 합법적 정당성을 주장하지만, 그들이 사용하는 전술들은 흔히 본질상 범죄적이다. 최근 한 저널리스트는 이렇게 썼다.

한국에서 그들은 '심부름꾼', 즉 법 집행기관들이 다루려 하지 않는 재산권 분쟁에서 흔히 폭력적인 용병 역할을 하는 거리의 어깨들로 알려져 있다. 그들은 건장한 젊은이로, 지주, 사업자, 심지어는 정부의 뜻을 유지하기 위해 법의 회색 지대에 숨어서 폭력과 두려움을 이용한다고 한다.[57]

강제 철거 외에도 '용역 회사'는 파업 분쇄를 비롯한 노동 문제에도 깊게 관여한다. 4장에서 다시 설명할 텐데, 용역 회사가 출현해 강제 철거와 파업 분쇄에도 관여하게 된 것은 1980년대 초에 사회가 점차 투쟁적 사회로 변모하게 된 것, 그리고 민주화 운동과 맥락이 닿는다.

범죄 집단의 구조

경찰이나 검사와 이야기를 나누어보면, 대부분 한국은 이탈리아나 미국 스타일의 전국적 '마피아'나 야쿠자 유형의 조직과 닮은 점이 없다고 말한다. 하지만 그 대답의 문제는 이탈리아, 미국, 일본 '마피아' 유형의 조직들 자체가 단일한 전국적 조직이라는 신화와 유사한 점이 없다는 것이다. 한국의 마피아 유형 집단들은 사실 사촌 격인 그 유명한 범죄 조직들과 꽤 비슷하다. 주로 규모가 작다는 점에서, 또한 분열되어 사방으로 뻗어나가는 수평적 연계에서 기인하는 권력을 가지고 있다는 점에서 그렇다. 한국의 경우 이런 조직 형성은 특히 [범죄] 집단 형성을 금지하는 엄격한 법과 가담자들에 대한 엄한 처벌의 결과이다. 예컨대 폭력행위처벌법 4조는 이렇게 명기한다. 1. 수괴(首魁): 사형, 무기 또는 10년 이상의 징역, 2. 간부: 무기 또는 7년 이상의 징역, 3. 수괴·간부 외의 사람: 2년 이상의 유기징역.[58]

이 집단들을 수사하기가 어려운 이유는 이들 조직의 수명이 대체로 짧기 때문이다. 그들은 기회가 생길 때마다 조직을 형성하고,

분열되고, 해체되었다가, 또 다시 뭉친다. 한국 정당들의 전통을 이어받기라도 하듯 이 집단들의 이름은 자주 바뀌는데, 조직의 이름이 바뀌는 것은 흔히 지도부가 바뀌었음을 뜻한다.

한국 깡패들 본인들은 스스로 '한국 마피아'라는 용어를 곧잘 언급하는데, 그들이 가리키는 것은 한국 범죄 집단의 위계에서 최상위에 있는 집단들이다. '한국 마피아'의 구성원은 스스로를 '건달'로 부른다. 건달은 '아무짝에도 쓸모없는 사람'을 뜻한다. 건달은 하급 깡패들을 경멸적인 의미로 '깡패'(폭력을 쓰면서 행패를 부리고 못된 짓을 일삼는 무리)나 '양아치'(약자를 괴롭히는 불량배)로 부른다. 건달이 어린 어깨들을 통제할 수 있는 이유 하나는 부분적으로 폭력의 힘 때문이기도 하지만, 가장 중요한 요인은 어린 비행 청년들이 흔히 결국 건달이라는 수뇌부의 지위에 오르고 싶어 하기 때문이다. 이 주제는 다음 단락에서 자세히 논의한다.

개개의 범죄 집단들의 조직 구조는 일본의 야쿠자나 러시아의 보리 브 사코니('도둑 일가') 같은 범죄 조직들과 흡사하다. 조직의 최상위에는 보스, 즉 '두목(오야붕)'이 있다. 예외가 있지만 한국의 범죄 조직들에게 돈은 위에 아래로 흐르는 게 보통이다. 두목이 하급 조직원에게 돈 벌 기회를 주는 것이다.[59] 두목이 조직원에게 줄 수 있는 돈 벌 기회가 많을수록 더 많은 조직원들을 모을 수 있다. 자기 사람들이 많을수록 두목은 정치 시장과 경제 시장에서 자신에게 유리하게 영향을 끼칠 수 있는 권력을 더 가지게 된다. 흔히 진짜 두목의 이름은 하급 조직원, 심지어는 행동대장도 모르고, 더 중요한 것은 관계를 맺고 있지 않는 한 당국자들도 모른다. 검찰은 이들을 '막후 세력자'로 부른다. 그들은 일종의 후원자로 간주할 수 있고 또 그들 다수가 처음에는 범죄 행위를 통해 높은 사회경제적 지위에 올랐지만 후에는 순전히 정당한 사업을 운영한다. 물론 뒤에서 밀어주는 범죄적 관계가 있기는 하지만 말이다.[60] 두목과 후원자 모두 흔히 사업가, 정치인, 혹은 정부, 비정부 조직의 성원같이 영향력을 행사하는 정당한 지위를 점하고 있고, 새로운 조직원을 모을 수 있는 각종 전국 운동 협회의 대표직을 선호한다. 두목 다음 자리는 '고문'으로 불리는 조언가다. 이들은 보통 사업가, 정치 행위자, 혹은 민간 영역의 엘리트이다. 이들은 조직의 공식 성원은 아니지만 집단의 운영에 상당한 영향을 행사할 수 있다.

('리틀 전두환'으로 불리는) 전두환 대통령의 동생 전경환의 사례는 범죄 조직 뒤의 지배적 권력을 명확히 파악하는 것이 얼마나 어려운지를 잘 보여준다. 리틀 전두환은 대한유도학교, 육군고급부관학교, 영남대학교 경영학과를 졸업한 뒤 미국에서 체육 교육으로 석사학위를 받았다.[61] 한국으로 돌아온 리틀 전두환은 삼성에서 경호원으로 일했고 박정희 대통령 경호실에서 근무하기도 했다. 권력이 형에게로 넘어가자 리틀 전두환은 곧 세제 혜택을 받거나 중요한 인허가권, 정부 계약을 따내는 일들 같은 사안들을 감독하는 사람이 됐다. 이뿐 아니라 뒷말이 무성한 농촌 개발 사업이었던 '새마을운동'의 수

장으로 지명되었다. 이 정책은 연간 예산이 약 5000억 원이었고, 농촌 주민들에게서 '기부금'을 갈취하기도 했다. 정책의 일환으로 리틀 전두환은 목포파의 두목 정요섭이 이끄는 회사에 토지 매립 계약을 주었다고 한다. 1986년, 유혈이 낭자한 끝에 경쟁 관계에 있던 조직 폭력집단 조직원 넷이 사망한 '서진 룸살롱 사건'이 발생한 뒤, 신문들은 이 사건이 정요섭과 정치적 연관이 있는 일당이 저지른 것이라고 보도했다. 용의자 명단이 공개되고, 암살단의 두목 중 하나가 리틀 전두환의 전 경호원으로 밝혀졌다. 나머지 용의자 중 일부도 리틀 전두환과 관계가 있었다. 대한유도학교 출신일 뿐 아니라 해외 행사에 수행원으로 그와 함께 간 적도 있었던 것이다.[62] 이 예가 잘 보여주듯이 리틀 전두환은 막후 세력자나 고문이라고 할 수 있고 일종의 두목이라고도 할 수 있다. 그런 집단의 최상 계급에 있는 이들은 직함과 무관하게 단연코 실세이고, 이는 법 내외부에서 보호와 영향력이 중개되는 그런 광범위한 관계망을 통해서 가능하다.

두목 아래는 '부두목'이다. 부두목은 흔히 실제 두목으로 오해되는데, 진짜 리더의 입장에서 그게 편하기 때문이다. 부두목은 보통 행동대장 두셋에게 그날 할 일을 지시하고 위임한다. 행동대장은 그 이름에서 알 수 있듯이 규율, 훈련, 모집, 현장 활동을 책임진다. 각각의 행동대장 밑에는 보통 열에서 서른 명쯤 되는 평조직원이 있다. 조직원들은 보통 중고등학교, 운동 단체, 실업자 중에서 뽑고 흔히 심부름꾼으로 시작한다. 한국이 공부에서든 운동에서든 성공하지 못한 이들에게 두 번째 기회를 거의 제공하지 않는 악명 높은 경쟁 사회라는 점을 고려하면, 잠재적 신입 조직원이 많다는 것은 분명하다.

한국 깡패들에게 신분 상승의 기초는 대개 공적과 돈을 버는 능력이다. 돈을 많이 벌수록 부하들을 더 많이 뽑을 수 있다. 돈을 벌 가능성이 늘어날수록 그들은 행동대장, 부두목으로 승진하고, 그리고 결국 자신의 무리/조직을 이끌 수 있게 된다. 물론 상위 조직에는 계속 충성하는 게 보통이다. 야쿠자와 비슷하게 모집은 강제적이든 자발적이든 흔하다.

집단 간 관계

1970년대부터 1980년대를 거쳐 1990년대 초까지 조직 폭력 집단들 사이의 관계는 경쟁적이고 폭력적이었다. 한국 정부가 '범죄와의 전쟁'을 수행하면서 유력한 행위자 다수를 체포하고 기소해 감옥에 넣은 것도 이 시기다. 중요한 것은 이렇게 연이어 체포하고 구금하는 동안 다양한 범죄 행위자들이 점차 서로 친해졌다는 것이다. 길고 잔혹한 감금이라는 경험을 공유하게 된 것이다. 그런 공유된 경험은 느슨한 협력 조합, 즉 '형제애'가 형성되는 촉매가 됐다. 일종의 공제 조합처럼 그들 스스로 상호 보호비를 모으는 이런 조합들은 서로 더 쉽게 협력하거나 협조하기 위해, 그리고 무엇보다 집단 간 갈등을 줄이고자 조직됐다.

엘리트 두목들 사이의 공식적인 모임들은 '두목 행사'로 불린다. 그런 모임들은 빈번히 열린다. 보통 한두 달에 필요할 때 한두 번 모인다. 모임은 고급 호텔 연회장에서 두세 시간씩 한다. 결혼식, 특별한 기념일, 혹은 유사한 행사에서도 모임을 갖지만 '두목 행사'에서는 엄격히 이 연합체의 사업에 집중한다.[63] 내가 참석한 세 행사에서, 처음 한 시간은 초대장을 나눠주고 사업과는 관련 없는 사교적 인사를 나누었다. 초대장과 행사는 조직 운영에 결정적으로 중요하다고 한다. 초대장을 받으면 집단의 일원으로 간주된다. 관례에 따르면 행사에 참석하는 사람은 사례금을 내야 한다. 이 비용은 본질상 연합체 회비다. 많은 돈을 낼수록 더 많은 경의를 표하는 것이다. 나는 한 보스에게 행사 때 평균적으로 얼마나 돈을 쓰는지 물은 적이 있는데, 그는 매달 400~500만 원 정도를 쓴다고 했다. 또 그는 행사에 참석하지 않으면 연합체에 속하지 않은 것으로 간주되고, 그러면 연합체와 갈등을 겪게 된다고 설명했다. 다른 지역 보스들과의 고위급 모임은 비교적 뜸하게 열린다.

모임의 후반은 분쟁을 해결하고 활동들을 조직하고 조정하는 데 쓴다. 예를 들어 한 모임(내가 후반에도 계속 참석할 수 있었던 유일한 모임)에서는 사전 승인 없이 다른 집단의 영역에서 도박 사업과 고리대금업을 한 조직원의 문제를 다루었다. 이 분쟁은 약속을 위반한 조직원과 그 보스가 공식 사과도 하고 상당한 벌금도 내는 것으로 해결됐다.

분쟁 해결 외에도 보스들은 최근 후쿠시마 재난 동안 서로 도운 야쿠자 집단의 사례를 비롯해 다른 사례들도 본보기로 삼아 서울 곳곳의 몇몇 구역을 집단 차원에서 서로 돕기 위한 계획들을 논의했다. 거기에는 장학금, 임대료 지원, 기타 재정 관련 활동이 포함됐다. 이 계획의 목적은 일단은 지역사회와 더 나은 관계를 유지해 지역사회의 지지를 얻는 것이었고, 그리고 가장 중요하게는 지역 경찰과 정치인의 지지를 얻는 것이었다.[64]

두목 사이의 협력과 마찬가지로 그 아래의 조직원들도 다른 집단의 조직원들과 긴밀한 인맥을 유지한다. 계급과 나이의 서열이 엄격히 지켜지듯 각 조직원들은 보통 자신의 집단이든 같은 구역의 다른 집단이든 계급이 같은 동년배 조직원들과 대부분의 시간을 보낸다. 내가 연구조사에서 여러 다양한 사람들과 접촉할 수 있었던 것은 이런 문화적 특성에 크게 기인한다.

국가-사업체-범죄 집단 관계

다양한 출처에 기초해 교차 확인한 다음 [그림2]는 정치인, 사업체, 깡패, 검경 사이의 기본적인 관계의 구조를 보여준다. 거듭 말하자면 '한국 마피아'라고 하는 단 하나의 단일 조직은 없다. 마찬가지로 국가와 사회는 이해와 동기를 달리하는 다양한 행위자들로 구성된다. 따라서 일반적 관계를 표시한 이 도해와 설명에 들어맞지 않는 것도 있다. [즉] 모든 깡패들이 경찰, 검사, 정치인과 긴밀한 관계를

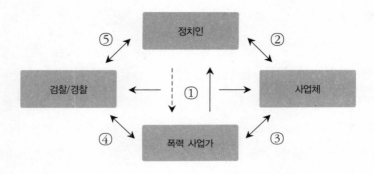

[그림2] 국가–사업체–범죄 집단 관계

맺고 있는 것은 아니듯 모든 사업자들이 깡패와 관계를 맺고 있는 것도 아니다. 이 도해는 단순히 각 행위자들이 실제로 연결되어 있을 경우 보통 어떻게 연결되어 있는지를 그린 것이다.

[그림2]에서 관계 ①은 정치인과 폭력 사업가의 직접적인 연계를 그린다. 2장에서 강조했듯이 박정희가 집권하기 전까지 그런 직접적 연계는 흔했을 뿐 아니라 모든 중요한 정계 보스들에게 필수적인 일이었다. 이런 관계에서 정치인은 자신과 연계된 조직들에 돈 벌 기회, 사법적 보호, 편파적 혜택을 제공했다. 불법 집단들은 자신들이 꽤 능숙하게 제공할 수 있는 보호, 선거 자금, 표, 기타 지지들로 이에 보답했다. 폭력 사업가와 정치인 사이의 이런 직접적 관계는 시간이 흐르면서, 특히 1990년대 이후 투명성 및 책임성을 강화하는 조치들이 늘어난 뒤로 약해지긴 했지만, 제한된 지역, 특히 서울을 제외한 지역에서, 혹은 대개 관계가 처음 발전되는, 지역의 하급 정

치인과 관료들 사이에서는 여전히 존재한다. 점선은 이 관계가 시간이 흐르면서 상당히 약해졌음을 가리킨다.

　관계 ②는 정치인과 사업체의 연계에 초점을 맞추고 있다. 일반적으로 다른 정치-사업체 관계와 마찬가지로 모든 유형의 사업체들은 이익을 늘리고자 정치인과 제휴하려 하고 선거 자금 지원을 비롯해 그들에게 이득이 되는 행동을 해 환심을 사려 한다. 예를 들어 정치인은 정부 사업 입찰에서 법적·초법적 지원을 해줄 수 있다. 이런 사업체들은 표면적으로는 합법적으로 보이지만 범죄 집단이 운영하는 경우가 많다. 폭력 사업가들의 경우, 앞서 언급했듯이 그런 행위자들은 흔히 강제 철거 사업에서 발견된다. 마찬가지로 관계 ③은 정치인, 사업체, 범죄 집단의 3자 관계를 그린다. 일반적으로 사업체들은 범죄 집단에게 돈 벌 기회를(합법적 기회와 본질상 불법적인 기회 모두를) 제공할 것이다. 정치인이 폭력 사업가의 용역을 구할 때는 주로 간접적으로, 즉 사업체 중개자(브로커)를 사용한다. 예를 들어 선거 때 정치인은 범죄 집단들을 동원해줄 사업체 연줄에게 연락할 것이다. 유권자 및 정치적 경쟁자 협박, 선거운동 보호, 풀뿌리 선거운동 조직화가 그들이 하는 일이다. 깡패가 직접 운영하지 않는 사업체는 자신에게 유익한 불법 조직들과 관계를 맺으려 할 수 있다. 예를 들어 그런 관계를 맺고 있는 사업체들은 보호, 중재, 경쟁자 억압, 노동 관련 문제들에 그들을 이용할 수 있다. 마찬가지로 사업체는 흔히 공적 보호 자원과 직접 관계를 맺으려 한다. 정치인이 사업체에 제공하는 초법적 보호와 비슷하게, 보호는 이런 경로를 통해서도 제공될 수 있다.

다양한 관계 중에서도 범죄 집단과 검경 사이의 연계가 가장 탄력적일 것이다. 부분적인 이유는 검경이 국가를 대표해 범죄행위와 싸우고, 그런 까닭에 흔히 범죄 집단과 긴밀히 접촉하기 때문이다.[65] 물론 검경이 서로 더 긴밀한 관계를 유지한다. 경찰은 더 많은 정보를 얻고 통제력을 강화하고자 자연히 깡패를 비롯해 그런 부류와 관계를 맺으려 한다. 경찰은 흔히 약탈적·비조직적 범죄를 조정하는 데 대한 보상으로 특정한 활동을 용인해준다. 그 예외의 대부분은 그런 비약탈적 범죄에 대한 요구가 어떤 유형인가에 달려 있다. 범죄자들은 자연히 쌍방의 요구가 있는 지역과 경찰 연줄이 있는 지역에 끌린다.

마지막은 정치인과 검경과의 관계이다. 승진이나 기타 기회에 대한 보답으로 검경은 흔히 정치인이나 사업체/범죄 집단 인맥에 보호를 제공할 것이다. 물론 범죄 집단 자신도 검경이 정치적 관계를 추구하는 이유와 같은 이유로 검경과 강력한 관계를 맺으려 한다. 마찬가지로 정치인도 검경과 강력한 관계를 원한다. 이것은 흔히 정치인이 쌓은 인맥에 속한 깡패와 사업체에 초법적 보호가 제공되는 방식이다.[66] 결국 검경은 정치 지도자들과 제휴를 맺고 싶어 하는데, 자신들의 기원, 생존, 승진이 일정 정도 그런 관계에 종속되어 있기 때문이다.

결론

이 장의 목적은 박정희의 쿠데타 이후 시기에 초점을 맞춰 범죄 집단의 진화를 묘사하는 것이었다. 다음 장에서 자세히 설명하겠지만 1961년 이전에 활동한 범죄 집단은 본성상 압도적으로 이데올로기적이었고, 이데올로기적이지 않았다 하더라도 그런 목적에 이용됐다. 이때는 '정치 깡패'의 시대였다. 1961년 군사 쿠데타로 권력을 잡자마자 박정희는 잠재적 경쟁자들을 근절하는 과업에 착수했는데, 그들의 권력 기반은 흔히 폭력적 범죄 집단이었다. 그런 집단을 절멸하는 것은 불가능하고, 또 실제로 그 집단들 다수가 국가 행위자들과 국가를 대표하는 이들과 어떤 형태로든 계속 협력하긴 했지만 박정희는 그 집단들이 이전에 행사하던 전국 수준의 정치적 영향력을 성공적으로 확연히 줄였다.

1979년 박정희가 암살된 뒤 전두환이 권좌에 올랐고, 그 역시 전임자와 마찬가지로 사회 정화를 수행했다. 그런 파도에 휘말려 범죄 집단과 반체제 인사 들이 붙잡혀 갔다. 그러나 강경책과 계속된 억압은 사회, 정치, 경제적 변화에 대한 증가하는 요구라는 벽에 부닥치게 됐는데, 특히 1980년 광주민주화항쟁 이후 그러했다. 전두환은 개혁을 요구하는 세력을 달랠 방법들을 찾아야 했다. 고조되는 압력을 줄이고자 전두환이 시도한 한 가지 방법은 밤 문화에 대한 규제들을 완화하고 유흥을 촉진하는 것이었다. 아니나 다를까 이 정책은 불법 시장 행위에 관여하려는 이들에게 더 많은 기회를 주었다.

　전통적인 불법 활동 시장이 확장된 것 외에도, 86아시안게임과 88서울올림픽 준비 기간 동안 서울의 막대한 재개발 및 도시 미화 사업이 진행되고 또 인구 증가를 뒷받침할 주택 공급을 크게 늘리는 과정에서 민간 강제 시장도 열리게 됐다. 정치 변화를 요구하는 사회적 압력을 최소화하는 것과 개발이라는 공공재를 공급하는 것, 즉 흔히 사회적 격변과 정치적 대가를 크게 치르게 하는 반발과 관련한 과정이라는 두 목적은 자연스레 국가와 범죄 집단이 서로 협력하는 데 발판이 되었다. 국가는 그 과정을 민영화해, 개발의 이득을 누리는 동시에 그 과정에서 수행되는 폭력에 직접적으로 연루되지 않을 수 있었다.

4장

국가 추구자, 민족주의자, 불법 무장 단체

: 대한민국의 시작

이 장의 목적은 한반도 남쪽에서 국가가 형성되는 시기 동안 국가와 비국가 사이에 이루어졌던 무력 시장에서의 협력이 시간이 지나면서 어떻게 변화했는지를 조명하는 것이다. 이 장의 내용은 강제력 행사에서 국가와 비국가의 협력에 관한 기존 설명들과 많은 점에서 부합한다. 정리하면 다음과 같다. 국가 추구자와 국가 행위자 모두 세력을 늘리고 영역을 확장해 [조직] 내부에서 우위를 차지하고자 폭력 전문 집단을 이용했다. 일단 국가 능력이 크게 향상되고 우위를 차지하면 국가 행위자들은 결국 비국가 세력들을 철저히 해체하거나 국가가 공식적으로 허가한 우산 아래 두려 했다. 즉 그들 국가 행위자는 강제의 민간 자원이 아닌 공적 자원을 훨씬 선호한다는 전통적 통념에 딱 들어맞게 행동했다.

시간의 흐름에 따른 종속변수의 변화를 조명하는 데 중점을 두면서 국가가 형성되는 초기 단계에서 국가와 비국가 관계의 역사, 그리고 이 역사가 어떻게 현대의 국가 행위자들이 선택할 수 있는 결정의 범위에 계속 영향을 미쳐왔는지에 특별한 주의를 기울일 것이다.

초기 국가 형성

국가 형성, 특히 초기 단계의 국가 형성은 흔히 충격적일 정도로 폭력적이다. 한반도 국가 형성의 역사도 당연히 예외가 아니었다. 제2차 세계대전이 종전됨과 동시에 한반도에 대한 일본의 식민지배도 종식되었다. 이러한 갑작스러운 변화로 한반도는 국가 없는 상태, 즉 범죄와 실업, 인플레이션과 부패가 만연한 대혼란의 상태에 빠지게 됐다.[1] [일본의] 항복과 더불어 한국의 주요 수출 시장으로서의 일본도 사라지게 됐고, 경제를 떠받쳤던 전시 산업도 문을 닫았으며, 한반도의 정치, 경제, 사회 시스템을 관리했던 수십만 일본인의 행정 및 기술 노하우들도 빠져나갔다. 경제 및 행정 시스템의 붕괴만으로도 불안은 충분한 듯했지만, 곳곳에서 피난민들이 물밀듯이 밀려오면서 상황은 악화됐다. 피난민들은 해외에서 돌아오거나 북에서 내려온 이들이었고 기존 제도는 그들을 흡수할 능력이 거의 없었다.[2] 그레고리 헨더슨은 이렇게 쓴다. "직업도 없고 고향의 사회적 제약도 사라진 피난민과 귀환자 들은 서울과 부산에서 갱단에 들어가 골목과 시장에서 도둑질을 하고 암거래를 하며 매춘도 알선했다."[3]

본디 식민지 시기부터 조직적 범죄와 폭력에 관여한 조직들은 정치권력들의 정쟁 도구로 이용됐다. 가장 유명한 무리는 김두한이 이끄는 조직과 정진영(또는 정진룡)이 이끄는 조직이었다. 이 둘은 모두 항일 활동으로 유명해졌는데, 나중에는 일본인에 고용되어 경성특별지원청년단(반도 의용정신대)을 조직하고 이끌어 사실상 합법적 테러리스트가 되었다.[4] 1945년 식민 지배가 끝나면서 김두한과 정진영은 자신들이 거느린 용역들을 정당과 실세에게 대여했다. 김두한은 우익에 붙었고, 정진영은 남조선노동당(남로당)을 위해 일했다. 두 사람은 결국 충돌하게 되는데, 이 부분은 조금 뒤에 다시 설명한다.[5] 유사한 풍조 속에서 정치 지향적이고 혁명적 분위기에 휩쓸린 청년 및 학생 집단 들이 이내 형성되었고, 도처에서 볼 수 있게 됐다. 김두한과 정진영이 그랬듯 이들은 생활비를 벌 기회, 그리고 이보다 더 중요하지는 않더라도 한반도의 방향을 틀 짓는 일에서 적극적 역할도 부여해줄 실세와 정파에 자신들을 의탁하려 했다. 사실 이 집단들은 정치사회화 과정과 정치 및 군사 지도자들을 모집하는 데에서 중대한 역할을 했다. 향후 많은 지도자가 그 일원들에서 나왔던 것이다. 그런 집단들은 결국 각 정계 보스와 정파 형성을 위한 권력의 기초를 형성했다. 미군 방첩대 보고서에 따르면 "정치 집단에게 폭력과 테러는 일을 처리할 때 일반적으로 용인되는 기법이었다. 대의에 충성해 더러운 일도 마다하지 않는 힘센 청년 집단이 없는 정당에 대해서는 어떤 정치 조직도 불안을 느끼지 않았다."[6] 폭력적 정치 활동이라는 '더러운 일' 외에도 대개 불법 자금에 의존하는 그런 집단들은 강제된 혹은 '자발적 기부금'에 기댔는데, 그 액수는 놀랍게도 1949년 국가 세입의 절반쯤이나 됐다. 좌익이 처음에는 그런 무대를 지배했지만 자신들만의 국가를 세운다는 야심을 가진 우익 집단들이 형성되며 결국 그 자리를 차지했다.[7]

분명히, 한반도가 좌익과 우익으로 양분된 것은 주로 식민지 시기의 결과였다. (당시 토지나 자본을 소유하거나 교육 수준이 높은 엘리트들로 구성된) 우익들은 소수였는데, 적어도 부분적으로는 특권적 지위를 누리고자 식민지 권력에 협력했다.[8] 식민지 시기와 그 이후에도 우익의 토대였던 엘리트들은 소수였고, 대중의 지지와 또 초기의 강제력 사용과 관련한 정당성 문제로 근심했다고만 이야기하는 것은 다소 부족하다. 한국인의 대다수는 당연히 정치적으로 좌경이었다. 그들은 가난했고 시골에 살았으며 배우지 못했다. 또 1944년까지 남성의 95퍼센트, 여성의 88퍼센트가 고용되어 일했으며 11.5퍼센트만이 도시에서 살았다.[9] 대부분의 사람들은 특권계급과 마찬가지로 (일본인에 협력하거나 일본인에 훈련되고 그 밑에서 일하고 성공한 이들이 복무하거나 관리한) 경찰도 아주 부당한 존재로 여겼다.[10] 사실 경찰은 식민지 시기 한국인의 일상 곳곳에 잠입해 퍼져 있었고 일본이 30년 넘게 한반도를 성공적으로 지배하는 동안 잔혹한 술책과 고문, 즉결 심판과 처형은 헤아릴 수 없이 많았으니 경찰이라면 곱지 않은 시선을 받는 것이 당연했다.[11] 국내의 우익에 대한 일반적인 불신과 적대감이 너무나 컸기 때문에 적어도 겉보기에라도 정당성이 있는 척하려면 시선을 국외로 돌려야 했고, 그래서 대의를 이끌어줄 인물로 이승만과 김구 같은 망명 민족주의자와 확고한 반공주의자를 선택했다.

그런 혼란 속에서 공식적·비공식적 보호 기관들이 출현했고 그중 다수는 남한에 미국인들이 오는 것에 대비해 조직됐다. 가장 눈에 띄는 기관은 모든 정치 세력을 포괄한 건국준비위원회(건준)였다. 건준은 온건파 여운형이 이끌었고 좌경의 인민위원회들이 둥지를 틀고 있었다.[12] 건준(나중에 이름이 조선인민공화국으로 바뀐다)은 해방 이후 사실상 첫 정부를 형성했고 놀라운 성공을 거두었다. 가장 중요한 과제는 질서 회복이었다. 기존 경찰을 신뢰할 수 없던 건준은 치안을 위해 기존의 청년 집단을 이용했다(또한 수많은 실업자들 가운데서도 인력을 모집했다). 군대를 주요 집행 기관으로, 경찰은 부속 기관으로 이용하려는 의도된 정책이었다.[13] 1945년 8월 25일, (해방 후 두 주 만에) 서울에서 청년 약 2000명이 조직됐고 수도 바깥 지역에는 140곳이 넘는 지소를 설치했다. 한반도에서 실질적인 통치권을 행사한 셈이었다.[14] 조선인민공화국은 공인을 받으려 애썼지만, 미국 관리들은 이 조직을 공개적으로 반대하고, 보수적이고 지지율이 낮은 한국민주당(한민당)을 택했다. 한민당은 망명했던 민족주의자들과 보수주의자들이 이끌고, 부패한 경찰과 공조하는 집단이었다.[15] 건준이 세운 질서는 모두 미군정의 거부로 무용지물이 되었다. 이는 이미 경색된 우익과 좌익의 관계를 적잖이 악화시킨 조치였다.[16]

추측컨대 미군의 주둔과 지지에 힘을 얻은 우파들은 수도 많고 조직도 잘된 좌파 집단들과 경쟁하고자 불법 무장 청년 집단을 동원하고 공고화하기 시작했다. 여기서 핵심어는 '경쟁'이다. 그때까지 진정한 국가 **행위자**들은 존재하지 않았다. 그러니까 지나치게 많은 국가 추구자들이 우위를 차지하고자 다투고 있었다. 우파들은 경찰을 마음대로 이용할 수 있었지만 우파들의 수는 현저히 적었다. 결국 경찰력이 없는 좌파들은 [자신들의 조직에] 기꺼이 지원하려는 이라면 누구라도 모집해야 했다. 1945년 12월, 대한민주청년동맹(대한민청)이라 불린, 43개 파로 구성된 포괄적 조직이 형성됐다. 이는 좌익의 공고화된 조선청년전위대에 직접 도전하는 집단이었다. 대한민청의 대표는 확고한 반공주의자 이승만이었고 부대표는 민족주의자 김구(대한민국 임시정부의 수장)였다.[17] 1947년, 미소공동위원회 회의를 앞두고 34곳의 청년 협회들이 공식 등록했다.[18] 공식 등록은 했지만 이들은 보호를 목적으로든 방어를 목적으로든 폭력 행위에 관여했고, 이는 여전히 자신의 정치 지도자들에게서 비공식적으로 (사람들이 의식하지 못했던 것은 아니지만) 허가를 받은 것이었다.

미군정이 남한을 점령하는 동안 이뤄진 우익 불법 무장 세력의 증강은 반공 의제를 강화하는 책임을 맡은 경찰 및 기타 세력의 증강과 밀접한 관련이 있었다. 정확한 수는 분명하지 않지만 일본이 항복하기 전 경찰이 2만 3000명이었다고 추산하는 설명들이 있는데, 그중 40퍼센트는 주로 하급직의 한국인들이었다. 일본인이 사라진 자리는 결국 한국인들이 차지했고 1946년 중반에는 경찰의 전체 인원이 2만 5000명으로 늘어났다. 1948년 한국이 자치권을 획득하면서 경찰은 3만 4000명으로 늘어난 것으로 추산된다.[19]

경찰이 강제력을 행사하는 주요한 공식 집단이었지만 다양한 우파 파벌들이 (또한 당시 미군정이 직접) 지지하고 모집한 폭력 청년 집단들이 무시해도 좋을 존재였다고 할 수는 없다. 그러나 공격적 청년 집단 모집이 약한 (그러나 정치적으로 당파적인) 경찰력과 상관관계가 있었다고 표현하는 것은 부정확할 것이다. 전라남도, 즉 특히 좌파 지지가 강력한 지역으로 알려진 지역의 미국 점령에 관한 자신의 연구조사에 근거해 에드워드 미드는 두 우파 정당, 곧 한민당과 통일당이 통일을 표방하는 불법 군사 청년들과 함께 합심해 테러를 계속할 수 있었고 "증오는 우파 집단 중 한 집단만의 몫이 되었다"고 말한다.[20] 그런 전략적 게임들은 한반도 곳곳에서 이용되었다. 규모와 정치 지향을 달리하는 청년 조직이 무수히 존재했지만 가장 악명 높은 파벌은 미래의 국회의원이자 잘 알려진 정치 깡패였던 김두한이 이끈 대한민청, 서북청년회, 그리고 미군정이 자금을 댄 조선민족청년단이었다.[21]

우익 청년 무리들은 대개 좌익과 공산주의자로 의심되는 이들에게 잔혹한 전략들을 자유롭게 사용했다. 이른바 '대한민청 사건'이 적절한 예가 될 듯하다. 깡패에서 민족주의자로 탈바꿈한 김두한은 1947년 4월 자신의 청년 파벌을 풀어 정진영의 지휘 아래 남로당을 위해 일하며 이승만에 반대하는 인쇄물을 배포한 좌익 12명을 붙잡아 때리고 고문했다. 결국 한 조직원이 전향서를 쓰고 풀려난 후 경찰청에 신고했고, 곧 경관들이 도착해 조사를 벌였다. 정진영을 포함해 두 명이 사망한 상태였고, 김두한과 그 추종자들은 선뜻 살인을 인정했다. 대중이 격렬히 항의하자 경찰은 책임자로 보이는 이를 체포하지 않을 수 없었다. 그러나 생존자들이 증언하고 김두한 스스로 자백을 했는데도 서울 지방 법원은 살인에 증거 불충분 판결을 내리고 김두한에게 당시 돈으로 2만 원, 암시장 담배 두 보루 가격의 벌금을 내렸다.[22] 김두한이 결국 미군정에서 재심을 받아 1948년 3월에 사형을 선고받았지만(같은 해 8월에 종신형으로 감형되었다) 민정 이양이 끝난 뒤 대통령으로 선출된 이승만에게서 사면을 받았다.[23] 한국전쟁 후 김두한은 대한청년단의 감찰국장이 되었다가, 1954년 이후에는 국회의원이 된다.[24]

　좌익들은 김두한에 비하면 심각하지 않은 범죄를 저지르고도 중형을 받는 일이 많았다. 좌익들은 이를테면 집회에 참석했다는 명목, 허가받지 않은 연설을 했다는 이유, 임시정부에 반대한 혐의로 노동교화형과 더불어 수년의 형량을 선고받았다.[25] 이뿐 아니라 좌익의 테러에는 벌금과 구금형이 내려졌지만 우익 폭력단은 공격을

다시 하지 말라는 경고, 즉 훈방 처분을 받았다.[26]

그러나 미군정과 (경찰을 포함해) 다른 국가 행위자들이 단순히 우파 청년 무리들을 우대했다고 말하는 것, 또는 자신들의 역량이 부족해 그들을 통제할 수 없었다고 말하는 것은 정확한 표현이 아니다. 기실 그런 '불법 무장' 청년 집단들은 대개 국군의 지원 부대 역할을 했다. 이 집단들 다수는 경찰서 인근, 혹은 아예 경찰서 안에 본부를 두었다.[27] 그레고리 헨더슨에 따르면 "정부가 대중과 대치할 때 정부가 그들을 지배 도구로 사용하곤 했던 것에 비추어 보면 갱단과 보스의 지배력은 약했다고 할 수 있다."[28] CIA 보고서는 같은 맥락에서 이렇게 말한다. "경찰과 우익의 동맹은 좌익 활동을 철저히 억압하려 하는 경찰과 우익 청년 집단의 협력에 반영되었다."[29]

우파 불법 무장 청년단들, 경찰, 미군정 사이의 협력 관계를 예증하는 사건들은 셀 수 없을 만큼 많다. 이는 특히 1946년 가을 봉기 이후 많이 찾아볼 수 있다. 가을 봉기에서 처음에는 (일당제에 반대하는) 철도 노동자들이 파업에 들어갔고 전기, 인쇄, 우편, 그리고 기타 산업의 노동자들이 그 뒤를 따랐다. 공무원과 학생들도 이내 남한 곳곳에서 일어난 이 항의 시위에 가담했다. 이에 대응해 (처음에는 좌익 및 공산주의 집단들이 봉기를 선동했다고 믿은) 군정은 무력으로 파업을 진압할 것을 명령했고, 경찰과 우익 불법 무장대가 함께 움직였다. 예컨대 서울의 용산역에서는 무장 경찰 3000명과 청년 폭력단 1000명이 배치되어 파업을 진압하고, 일터로 돌아간 우익 노조원들을 보호했다. 결국 파업자 2000명을 체포했고 총, 곤봉, 돌멩이를 사용해 60명에게 부상을 입혔다. 용산과 그 인근 지역은 전쟁터를 방불케 할 만큼 아수라장이 되었다. 고용된(경찰과 공모해 활동하는) 무장 용역 깡패들은 "어떤 좌익의 선동도 분쇄하겠다는 목적"을 가지고 도로와 산업 지역을 돌아다녔다.[30] 용역 깡패 중에는 김두한의 대한민청이 있었는데, 이들은 경찰에서 공급받은 소총과 수류탄을 휴대하고 있었다. 파업 진압 외에도 이들은 좌익 조직에 대한 이런저런 공격에서 선봉을 맡았다. 조선공산당 본부, 중앙인민위원회 임원실, 자유신문사를 뒤집어엎으며 직원들을 폭행하고 기물과 문서를 (압수하고) 파괴했다. 대한민청 회원 3000명은 경찰과 미군에게서 무기와 기타 용구를 공급받고 서울 밖 지역에 배치되기도 했다. 고령, 성주, 왜관, 예천, 영천 같은 지역에서 추가로 발생한 폭동들에 대한 진압을 돕기 위해서였다.[31]

가장 폭력적인, 혹은 적어도 가장 악명 높은 불법 무장 청년 집단은 반공 성향의 서북청년회였다. 서북청년회는 (초창기의 형태이긴 하지만) 1946년 11월에 공식 설립됐는데, 미군 방첩대는 그들 고유의 비교 우위를 이용하려고 (우파 조직 중에서도) 서북청년회와 연락을 유지했다. 사실 미군과 서북청년회의 관계는 꽤 분명하다. 방첩대 보고서는 이렇게까지 언급한다.

방첩대는 부분적으로 언어 장벽과 전문 요원의 부재에서 기인한 이유들로 방첩 임무를 단독으로 수행할 수 없었다. 서북청년회, 즉 이북에서 월남한 이들로 구성된 청년 조직원들은 방첩대에 특별한 가치가 있었다. 조직원들은 저마다 공산주의자들에게서 고통을 겪은 바 있었다. 불행히도 이 조직은 적에게 잔혹하게 보복하려는 경향을 강하게 보였다. 그러나 조직원들은 북한 공산주의자 고위부에 관해 잘 알았기 때문에 방첩대의 엄격한 감독 아래 방첩 작전에 이용되었다.[32]

서북청년회, 방첩대가 최고의 테러 조직이라고 불렀던 이 조직은 바로 그 방첩대의 원조를 받으며, 또한 독립적으로도 다양한 반공 활동을 수행했다. 이를테면 한반도 전역의 방첩 임무, 북한 출신 난민 검열, 난민 일자리 알선, 대북 반공 방송, 경찰과 공동으로 벌이는 지역 치안 활동 등이었다.[33] 군정의 원조 아래 수행된 활동을 잘 보여주는 한 사례가 있다. 방첩대는 이렇게 보고했다.

브라우닝 준위가 특수대를 맡고 있을 때 한 정보원이 그에게 와 자신이 남로당(남조선노동당) 문서들을 가져올 수 있다고 말했다. 브라우닝이 쾌히 승인하자 그가 출발했다. 몇 시간 뒤 그는 트럭을 후진해 방첩대 사무실 앞에 대고는 문서가 가득한 잠겨 있는 금고를 꺼냈다. 그 한국인은 서북청년회의 힘센 조직원을 여럿 모아 남로당사에 난입해 그 서류들을 가져온 것이었다. 물론 남로당은 미국 경찰의 그런 술책에 강하게 항의했지만, 서류와 금고를 돌려받지 못했다.[34]

서북청년회가 전쟁 전에 저지른 가장 지독한 행동은 4·3 제주 항쟁이 일어나기 전, 그리고 항쟁이 일어나는 동안 저지른 행위일 것이다. 전라남도 남서쪽에서 약 100킬로 떨어진 섬, 1947년 전에는 행정구역상 전라남도에 속했던 제주도는 1945년부터 1948년 초까지 좌경의 인민위원회가 통제했다. 인민위원회는 해방의 여파로 우익과의 무장 충돌을 거쳐 이 섬에 대한 공고화된 권력을 유지하고 있었다. 우익들이 본토에서는 정당성 문제로 근심하고 있었다면 주민의 약 80퍼센트가 좌익과 공산주의자를 지지하거나 적어도 동조하는 제주도에서는 정당성 위기가 만개한 상태였다.[35] 더욱이 제주도는 본토의 통치에 대한 반란과 폭동의 역사가 길었다.

1945년과 1947년 사이, 처음에는 평화로웠으나 이내 산발적 폭력이 뒤따랐다. 이를 촉발한 요인에는 여러 가지가 있었다. 세금 부담이 늘어 경제가 침체됐고, 좌익에 대한 미 점령 세력의 태도가 한때 협력적이었으나 한반도 곳곳에 반란이 일어나면서 경색됐다. 그리고 무엇보다도 인민위원회에 동조적이지 않고, 독재적이며, 무자비한 극우 인사인 유해진이 도지사로 새로 부임한 것이었다.[36] 이승만의 확고한 지지자였던 유해진 지사는 이미 평판이 좋지 않던 경찰을 본토 사람들로 채웠고 메릴에 따르면 "경찰이 원칙상 가하는 최소한의 제약조차 받지 않고" 활동하던 집단이었던 서북청년회를 풀어놓았다. 게다가 경찰의 급여는 적었고, 또한 우익 테러 집단에 "자발적으로 가입한" 이들의 생계가 강탈, 갈취, 보호료 뜯기, 기타 "깡패 같은" 활동에 달려 있었던 것이 화약고 같은 긴장 상황을 악화시켰다. 이로 인해 경찰, 서북청년회, 지역에서 모집된 경찰 지구대 병력, 그리고 섬사람들은 테러와 보복 테러의 악순환에 빠지게 됐다.[37]

반란을 촉발하는 조건들이 무르익었다. 1948년 3월 1일 남한에서 사람들이 호의적으로 생각하지 않던 분리선거가 발표되고 이후 우익들이 시위대를 강력하게 탄압하자마자 전면적 반란에 불이 붙었다. 우익의 폭력도 좌익의 폭력도 극단적이었다. 예컨대 브루스 커밍스는 『한국전쟁』에서 이렇게 지적한다. "한 예로, 하귀리에서는 우익 청년들이 문씨 성의 스물한 살 임신부를 붙잡았다. 남편이 반란자라는 혐의였다. 그들은 그녀를 집에서 끌어내 날카로운 흉기로 무자비하게 찔러댔고, 결국 그녀는 목숨을 잃었다. 태아가 배 바깥으로 반쯤 나온 채였다. 여성들은 잇달아 강간당했고, 흔히 마을 사람들 보는 앞에서 그러했으며, 그 끝은 질에 수류탄을 넣어 터뜨리는 것이었다."[38] 어떤 사례에서는 경찰의 감독 아래 서북청년회가 마을 사람 일흔여섯을(그중 여성은 다섯이었고 아이도 수두룩했다) 처형하는 것을 미국 고문 넷이 목격하기도 했다.[39] 빨치산들은 닥치는 대로 응징했다. 마을을 급습해 우익 청년 조직원, 경찰, 부역 용의자를 잡아 죽였으며, 때때로 교수형이나 참수형에 처했다.[40]

반란군에 가담한 이들만 3000명에서 4000명쯤 되었고, 그들은 대중의 지지를 받아 기운을 크게 얻었다. 정부군은 처음에는 무능했는데, 대략 경찰 450명, 우익 청년 조직원 수백 명, '조직력이 부족하고' 이따금 신뢰할 수 없는 경찰 지구대원들로 구성되었다. 남쪽 모든 지방에서 이내 중강 병력이 동원돼 약한 정부군을 강화했다. 파견된 경찰이 무려 1700명이었고 경찰 지구대원이 800명이었다.[41] 반란이 계속되는 동안 반란에 대응하기 위해 본토 군대를 차출하는 일은 어느 면에서는 처참한 수준이었다. 1948년 10월, 제6연대와 14연대가 진압 작전 참여를 거부해 촉발된 '여수·순천 사건'이 그 예다. 이 반란은 이내 남도 곳곳으로 퍼졌다.[42] 1949년 4월 무렵 저항군은 줄어들었고 질서는 본질적으로 회복됐다. 제주도에서 발생한 사상자는 3만 명에서 많게는 8만 명으로 추산된다. 어떻게 따져보아도 상당히 많은 수인데, 특히 1940년대 말 제주도의 총 인구가 30만 명이었음을 고려하면 더 그렇다.[43]

미군이 서북청년회의 전신과 기타 우익 불법 무장 집단들을 이용한 것과 관련해 조선민족청년단(이후 대한민족청년단으로 단명이 바뀐다)은 미군정이 구체적으로 (비밀리에) 비국가 불법 무장 청년 집단을 후원하고 자금을 대며 지원한 사례이다. 조선민족청년단은 장제스의 '남의사藍衣社'를 본떠 만들었고, 군정에 직접 보고할 책임이 있는 충실한 집단이었다.[44] 1946년 군정은 이범석을 이 조직의 수장으로 선택했다. 이범석은 중국에서 활동하던 한국광복군의 참모장을 맡은 바 있고 미군 정보부와 국민당 군대와 긴밀하게 일한 인물이다. 조선민족청년단 훈련소의 수장으로는 독일에서 수학하고 히틀러의 불법 무장 청년단인 '유겐트'를 찬양한 안호상 박사가 선택됐다. 그레고리 헨더슨은 조선민족청년단이 러시아와 협상이 결렬될 경우에 대비해 반공 세력을 만들 요량으로 조직되었다는 사실에 근거해, 항의를 피하기 위해 비밀주의가 유지됐고 청년단 호칭도 그렇게 지었다고 지적한다.[45] 다른 우파 청년회들과 (그리고 경찰과) 마찬가지로 이들은 남한 곳곳에서 테러, 파업 분쇄, 봉기와 그 밖의 반공 활동 진압에 적극적으로 참여했다.[46]

우파들의 확고부동한 지도자로 자리매김한 이승만은 1948년 5월 10일 총선거 이후 가장 높은 공식 권좌에 올랐다. 이 선거는 이례적일 만큼 강한 보안 조치 아래 치러졌는데, 그러한 보안 조치 가운데 하나는 향토보위단의 창설이었다. 향토보위단은 우익 청년들로 구성된 경찰 보조대로, 질서 유지 임무를 맡았다.

> 곤봉과 도끼로 무장한 그들은 마을을 순찰했다. 그들은 자신들에 대한 정부의 "은전"을 자랑스러워했고 일반 주민의 생활에 간섭해 자신의 지위를 몹시 뽐내고 싶어 했다. 경찰이나 청년 집단들이 선거권 미등록자에게 구타, 위협, 강탈, 갈취, 배급표 빼앗기를 저지르는 사건들이 유엔임시위원단에 보고됐다.[47]

권력이 미군정에서 이승만에게로 (국회에서 거의 만장일치의 투표로) 이양되었고 공산주의는 국가보안법으로 공식적으로 불법화됐다. 이 법으로 인해 경찰과 그 보조대는 반대 세력을 뿌리 뽑는 데 사실상 무제한의 권력을 사용할 수 있게 됐다.[48] 헨더슨에 따르면 이 법안은 "행정부가 정적을 제거하고자 사법부를 이용할 수 있을 정도로 매우 모호했다. 사법부는 행정부의 지배 도구가 되었다. 사법부는 권리의 옹호자도 권력 균형의 도구도 아니었으며 식민지 시절보다 오히려 더욱 행정부의 적극적인 시녀로 변했다."[49] 당시에 파벌주의와 충성 경쟁이 존재했다는 점을 고려하면 임의적으로 사용되는 보안법과 (협박을 통한) 행정부의 사법부 지배는 이승만에게 특별히 값진 것이었다. 이 파벌주의와 충성 경쟁은 여전히 한국 정치의 특징이다. 이를 통해 이승만은 두 마음을 품은 국회의원들을 효과적으로 숙청하거나 을러메어 고분고분하게 만들 수 있었고, 그렇게 입법부를 지배했다. 더욱이 이승만은 모든 우파 청년 협회를 대한청년단이라는 단일 전국 집단으로 흡수해 자신의 권력을 공고화하려 했다. 대한청년단은 공식적인 정부 기관의 지위와 공적 자금을 부여받았다.[50] 국무총리(이자 동시에 국방장관이 된) 이범석에 '명백히 충성'하고 그의 지배를 받던 조선민족청년단이 대한청년단에 통합되는 것을 미루자 이승만은 이범석에게 조직을 해산하거나 권좌에서 물러나라고 요구했다. 이범석은 전자를 택했고 조선민족청년단은 1949년 1월에 공식 해체됐다.[51] 같은 해 6월 26일, (당시 이승만에 반대한) 김구가 육군 소위 안두희에게 암살됐다. 안두희는 처음에 종신형 판결을 받았지만 얼마 지나지 않아 감형되었으며, 6·25가 발발하면서 장교로 복귀했고, 1951년 사면되었다.[52] 군의 확대와 이승만의 조치들이 있었지만, 통제력은 아주 좋게 평가한다 쳐도 불확실한 수준이었다. 또한 빨치산 활동이 계속되었고 결국 동족상잔의 전쟁이 1950년 6월에 터지고 말았다.

권력의 공고화와 투쟁적 사회의 대두: 1952~1960년

이승만은 1952년 제2대 대통령 선거를 앞두고 야당 세력이 우세한 국회에서 간접선거로는 대통령 재선이 어려울 것이라는 판단이 들자 대통령 직선제로 헌법을 바꾸기로 한다. 자유당을 창당하고 국회 해산을 위해 비상계엄을 선포하고 야당 국회의원을 구속하는 등 개헌파동을 일으킨 끝에 이승만은 재선된다. 그는 전쟁을 넘겼고, 공화국의 첫 대통령이라는 지위를 잃지 않았으며, 점차 어려워지고 경쟁적으로 변하는 환경에서 통치를 이어갔다. 1951년 이승만은 이범석에게 자유당 창당을 맡겼다. 자유당은 다양한 핵심적 사회 조직을 통해 한국 사회에 깊게 침투한 정당이었고, 그 조직 중 하나는 이승만 기구의 핵심인 경찰이었다. 자유당이 경찰 인력의 태생과 생존에 통제력을 가지고 있었기 때문에 그들의 충성은 보장된 상태였다.[53] 권력을 더 공고화하고자 이승만은 이범석과 그 추종자들에게 '보답' 하기로 한다. 1952년과 1953년 사이에 이들을 다양한 방법으로 숙청했던 것이다. 나아가 그는 1953년 9월 10일, 공식 허가를 받은 모든 청년 집단을 해산했다. 중요한 독립적인 정치 행위자들을 효과적으로 정리한 것이다. 여기서 그치지 않고 이승만은 여전히 이범석에 충성하던 조선민족청년단 출신은 국회에서 어떤 직도 맡지 못하도록 자유당에 지시했다.[54] 그런 조치와 외양적 민주주의 지배를 통해 이승만은 1948년 선거의 첫 승리부터 1955년까지 정치판을 지배할 수 있었다. 사실 그와 자유당에 무조건적 지지를 보내지 않고 효과적으로 작동할 수 있는 사회적 기관은 없었다.[55]

의심할 여지도 없이 이승만은 계속 전제적인, 때로는 잔혹한 통치 방식을 이용했고, 전후 남한 정치의 경쟁을 조금씩 증가시키는 조건들을 고려할 때 더욱 그런 경향을 보였다. 첫째, 대중 교육과 결부된 도시화가 점진적으로 진행됐다. 1952년, 인구의 약 17.2퍼센트가 인구 5만 명 이상의 도시에 살았다. 1955년, 이는 24.5퍼센트로 증가했고, 이승만과 자유당이 붕괴한 1960년에는 도시민이 인구의 28퍼센트(700만 명)나 차지했다.[56] 교육에서는 1948년부터 1960년까지 대학교 수준의 기관이 31개에서 62개로 늘었다. 재학생 수는 2만 4000명에서 9만 7819명으로 증가했다. 중고등학교도 1945년 97개에서 1960년에는 357개로 치솟았다. 더욱이 점점 늘어나던 반정부 민중의 자양분이 된 것은 통신수단과 대중매체의 거대한 확장이었다. 1960년에는 등록된 신문 및 정기 간행물이 600개였고 1961년에는 1444개로 증가했으며 거기서 일하는 기자는 약 10만 명이었다.[57]

마치 도시화, 교육 성장, 통신 확대가 충분하지 않았다는 듯, 추가 압력이 이승만의 정치 기구에 가해졌다. 민주당이라는 깃발 아래 더 강하고 통합되고 통일성 있는 야당의 '대연정'이 펼쳐진 것이다. 이로써 사람들은 누구를 뽑고 누구를 뽑지 않을지 분명한 선택권을 갖게 됐고, 한국 정치는 양극화가 심화했다. 광범위한 협박과 선거 조작을 벌였는데도 이승만과 자유당의 선거 결과가 형편없었다는 점을 고려하면, 도시민이 야당 성향이었다는 것은 분명하다. 예를 들어 1956년 선거에서 이승만은 전국적으로 56퍼센트의 표를 얻었지만 서울에서는 33.8퍼센트밖에 얻지 못했다. 1958년 총선에서는 자유당의 126석 중 13석만이 인구 5만 명 이상의 도시에서 얻은 것이었지만, 민주당은 79석 중 43석을 인구 5만 명 이상의 도시에서 받았다.[58]

일련의 선거 과정에서 정치적 이득을 얻어낼 수 있었던 야당 의원들과 예산에 신경을 써야만 했던 경제 원조 담당 당국자들의 주도로 비대해진 경찰력을 줄일 수 있었다. 전시에 7만 5000명까지 증가했던 경찰 병력은 1955년 7월에 이르면 4만 명까지 줄어들었다. 자유당이 계속 반대했지만 1958년에는 3만 9000명으로 축소되었다. 경찰은 줄였지만 전시에 확대된 군대는 강제 무력의 확실한 공적 자원이 되었다. 군이 중앙 정부로부터 반*독립을 유지할 수 있었다는 점을 고려하면 이는 아주 중요한 발전이었다.[59]

전쟁 전 선거처럼 1960년 3월 15일의 (두 개의 투표지를 사용한) 대통령 및 부통령 선거에서도 경찰과 (이승만이 승인했지만) 이제는 비공식 집단이 된 우파 청년 집단들이 동원되어 기표소에 자리해 투표자들이 이승만과 이기붕을 찍도록 했다. 노골적인 협박과 강제 외에도 투표수가 조작되거나 공공연히 날조되었는데, 선거 본부가 각 도의 경찰 본부 내에 있어 더 쉽게 자행됐다.[60] 선거에 대해 「한국 보고서 the Korea Report」는 이렇게 언급했다.

> 민주적 집회들이 나라 전역에서 금지됐다. 내무부는 이승만 박사와 이기붕 씨가 당선될 수 있는 정확한 득표수를 구체적으로 명시한 지시 사항들을 전국 경찰서장들에게 보냈다. 이에 따라 사전 기표된 투표지를 만들었고 선거일에 투표함에 충실히 채워 넣었다. 불량배들은 민주당 사무소들을 다 박살냈고 민주당 선거 운동원과 동조자 들을 두들겨 팼다. 시골에서는 경찰이 투표자들을 셋씩 짝을 지어 보내고 그중 '감독'이라는 완장을 찬 한 명이 투표함에 용지가 들어가기 전에 [누구를 찍었는지] 투표용지를 확인하게 했다고 한다.[61]

선거 결과는 뻔했다. 이승만이 투표수의 88.7퍼센트를 얻었고[62] 자유당 부통령 후보 이기붕은 민주당 후보 장면의 185만 표에 비해 822만 5000표를 받았다.[63] 한국인 대다수가 선거가 조작되었다는 것을 알았다. 결과가 부당하다고 본 시민들이 불법 선거에 항의하는 집단 시위를 벌이기 시작했다. 특히 선거일에 마산에서 경찰의 무차별 발포로 시위자 8명이 사망하고 72명이 총상을 입는 사건이 발생한 데 이어 시위 중 행방불명됐던 고등학생 김주열(당시 16세)이 실종된 지 27일 만인 4월 11일에 경찰이 쏜 최루탄이 얼굴에 박힌 채 마산항 앞바다에서 시신으로 발견되자 시민들의 분노는 극에 달했다. 두 사건은 사실상 통제할 수 없는 폭동을 촉발했고 또 다시 마산에서는 더 많은 사상자가 발생했다.[64] 학생들을 비롯해 여러 시위자들의 죽음을 규탄한 대다수 신문은 서둘러 선거 위반에 관한 무수한 사례들을 퍼뜨렸다. 경찰관과 경찰서를 표적으로 한 시위들이 일어났고, 그 밖에도 정부 선전 기관, 우파 청년 조직, 그리고 서울신문 같은 기타 정부와 연관된 조직의 사무실들이 불길에 휩싸였다.[65]

(많은 유사한 사례 중에서도) 한 가지 눈에 띄는 사례를 들어보자. 이천파는 경찰의 보호를 받던 조직범죄 집단으로 돈벌이가 좋은 동대문 시장을 관리하던 조직이었는데, 이천파가 4월 18일에 시위를 벌이던 고려대 학생들을 공격하는 데 동원됐다.[66] 다음날인 4월 19일, 4·19혁명이라는 이름의 기원이 된 그날, 시위에 나선 수많은 이들이 정부에 동조하는 경찰에 의해 목숨을 잃거나 다쳐[『한국 근현대사사전』은 이날 하루 동안 전국적으로 186명의 사망자와 6026명의 부상자가 발생했다고 추산한다] 추가 시위들을 촉발했고, 강제력을 소진한 이승만과 자유당은 이를 억제할 수 없었다. 계엄령을 선포했지만 (유엔군 사령부 아래 있던) 군은 재산 파괴 행위를 제지하고 추가 유혈 사태를 막는 선에서 방관적 태도를 유지했다. 4월 21일, 계속된 혼란에 마침내 이승만 내각이 사퇴했다. 이승만이 항복하기까지 그로부터 닷새밖에

걸리지 않았다. 권력은 허정의 과도정부로 이양됐고, 곧이어 장면 총리의 의원내각제에서 민주주의와의 짧지만 격동적인 만남이 있었다. 그러나 결국 정권은 1961년 박정희의 쿠데타로 전복됐다.[67]

결론

1945년 8월, 35년 동안 지속됐던 일본 식민지배가 갑작스레 종식됐고, 한국은 대개 국가 없는 시기라 할 수 있는 시절에 들어섰다. 미군정을 포함해 국가 추구자들은 폭력 수단을 사용할 수 있고 또 기꺼이 그렇게 하려는 시민들을 모집하고 훈련해 자신들의 약한 힘을 보강했다. 이승만이 모든 집단을 자신의 대의에 충성하고 굴종하는 하나의 큰 기관으로 통합하려 했지만 국가 능력도 제한적이었고 변화를 지지하는 사회가 강력해지고 있어 그러지 못했다.

정치 깡패, 민족주의자, 불법 무장 단체, 국가 행위자 사이 협력의 시대는 이승만 이후 시기에도 규모가 훨씬 작아지긴 했지만 각기 다른 수준으로 계속됐다. 박정희가 무력 시장을 대체로 강화할 수 있었고 또 자신이 가지고 있는 강제력의 공적 자원을 통해 무력 시장을 지배할 수 있었지만 그럼에도 임기 전반에는 적어도 민주주의를 약속하며 활동해야만 했다. 이승만 정권을 종식시키는 데 큰 역할을 한 사회 세력을 흥분시키지 않기 위해서였다.

따라서 1961년과 1970년 사이 그런 협력을 추동한 논리는 국가의 고능력과 저자율성을 고려할 때 규범적 이해와 상관관계가 있다고 볼 수 있다. 그러나 박정희가 권위주의를 공식적으로 도입하자 한국의 국가강도는 고능력, 고자율성으로 바뀌었다. 요컨대 국가는 과거와 같은 그런 협력적 관계가 더는 필요하지 않았다. 한동안 단절되었던 그런 관계는 1980년대 중반에 전두환이 박정희의 후임으로 들어서면서 회복된다.

5장

국가 확장, 시민사회의 발흥, 그리고 전술의 변화
: 박정희에서 전두환까지

앞 장에서 설명했듯이 1945년과 1960년 사이 국가 추구자, 국가 행위자, 비국가 폭력 전문 집단 사이의 공모는 모두 대개 능력의 논리에서 일어났다. 요컨대 그 격동기는 오늘날 대한민국의 발전을 이끄는 큰 동력이었다. 유럽과 남미의 수많은 사례와 마찬가지로, 한국의 국가 추구자들은 제 열망을 관철하기 위해 민간 권력에 대해 여러 전략들을 이용했다. 이들은 민간 권력을 사들이기도 했고, 종속화하기도 했으며, 때로는 절멸시켰는데, 이러한 전략들은 흔히 뒤섞여 이용되었다. 이론적으로 난해한 것은 아니지만 설명하자면 그 시기는 (시간적으로 선형은 아니지만) 계속된 국가와 범죄 집단의 협력의 길을 닦았다.

이 논의의 목적은 현재 남한의 무력 시장에서의 국가와 비국가의 협력들, 구체적으로는 두 주요 부문, [즉 강제 철거와 노동 억압에서의] 협력에 초점을 맞추는 다음 두 장에 대한 기초를 마련하는 것이다. 이 장에서는 먼저 박정희(1961~1979)와 전두환(1979~1987)의 군사독재 시기의 정치 동학에 대한 간략하지만 중요한 서술을 하고, 국가능력과 임기 동안 진화해온 국가와 시민사회의 관계를 주의 깊게 살펴본다. 그러고는 민주화에서 분수령이 됐던 중대한 세 시기들을 논의한다. 이 '중대 국면들'은 정치 엘리트에게 유의미한 선택의 시기였고, 따라서 국가가 민간 강제 시장으로 방향을 바꾸게 된 것을 설명해준다.

이어 설명하겠지만 박정희는 쿠데타에 성공하고 권좌에 오른 뒤 서둘러 반대파를 겨냥한 캠페인들을 실시해 권력을 단단히 다지려 했다. 한때 강력했고 눈에 띄게 만연했던, 그리고 이전 정권을 보호하는 데 일조한 조직범죄 및 불법 무장 집단들에 대한 경찰의 일제 검거가 이런 캠페인들에 포함됐다. 박정희 정권은 권력을 확장하는 동안 비국가 폭력 자원을 계속 이용했지만, 이 연구에서 제시한 이론이 예측하듯이 1971년 공식적 권위주의의 시행 이후 그런 집단을 체계적으로 이용하던 관행은 대개 사라졌다. 달리 말해 박정희는 이승만의 항복을 강제한 사회 세력을 경계했기 때문에, 외양적 민주주의 지배라는 허울을 쓰고, 규범적 틀과 (더 적은 수준에서는) 능력의 논리에서 비국가 세력에 의지했다.

1971년, 고능력과 고자율성을 성취하자 박정희는 국가와 비국가의 협력 관계를 사실상 깨트렸다. 이 관계는 대부분 단절된 상태였다가 전두환 시기 노동 시위 억압과 강제 철거 부문에서 다시 시작했다. 전두환이 고도로 발달된 강제력을 뽐내던 국가를 물려받았음에도 협력 관행을 다시 활성화한 것은 국가 자율성이 가파르게 하락한 결과였다. 가장 중대한 것은 인구가 과거에는 시골의 농민이 지배적이었다가, 필요하다면 커다란 압력을 가하려 하고 또 그런 힘이 있는 교육받은 도시민으로 빠르게 변했다는 것이다. 요컨대 자유롭고 공정한 민주 선거는 1987년에 이르러서야 가능해졌지만 민주주의를 지지하는 세력은 그 전부터 이미 정치 엘리트의 결정에 영향을 미치기 시작했다. 무력 시장에서 국가와 비국가가 다시 협력하게 됐다는 것은 국가가 값싼 노동력과 재개발이라는 공공재(증가하는 중산층이 요구한 재화)를 공급할 필요가 있었고, 동시에 바로 그 재화를 공급하는 데 필요한 강제력을 사용하는 일에서 일어날 사회 세력으로부터의 처벌을(그리고 국제적 비난을) 편하게 피하려 했다는 것이다.

박정희 정권: 1961~1979년

1948년 이래로 정치판 대부분을 지배해왔지만 이승만 정권(1948~1960)은 억제하지 못할 만큼 사회적으로 압력을 받는 순간에 직면했다. 이는 교육을 받고 투쟁적인 성격을 띤 도시민이 점차 늘어난 것, 그리고 이와 관련해 더 강력한 야당(민주당)이 성장한 것과 적지 않은 관련이 있다. 시위가 확대되고 경찰과 군의 지지를 잃게 되자 이승만은 1960년 4월 21일 권좌에서 내려와야 했다. 이승만 하야 이후 허정의 과도정부가 짧게 지나갔고(1960년 4월 27일~6월 16일), 장면 총리에게 권력이 이양됐다. 1961년 박정희는 쿠데타에 성공했고 권좌에 올라 1979년 암살될 때까지 나라를 이끌었다.[1]

박정희는 효과적으로 통제권을 장악하고 비상 통치 체제를 수립했으며, 부패를 없애고 경제성장에 박차를 가하며 민족의 긍지를 가르치겠다고 약속했다.[2] 1961년 6월, 스스로를 '국가재건최고회의'로 선언한 군사정권이 국가재건비상조치법을 선포했다. 이 선포에는 다음 여섯 가지의 서약이 있었다. (1) 공산주의에 반대한다, (2) 미국을 지지한다, (3) 나라를 재통합한다, (4) 부패를 청산한다, (5) '자립경제'를 창조한다, (6) 우리 자신의 군무軍務로 돌아간다.[3] 달리 말해 박정희는 질서를 세우고, 민주적 통치에 대한 사회의 요구, 즉 1960년 이승만을 권좌에서 끌어내리는 과정에서 사회가 소리 높여 외친 그런 통치에 대한 선호를 약속했다.

제1, 제3 서약을 이행하는 과정에서, 쿠데타 후 며칠 사이 경찰은 '세간의 이목을 끄는 손꼽히는' 깡패들과 범죄 집단 두목들을 체포했다. 그중 167명은 서울 주요 도로에서 군의 호위 아래 조리돌림을 당했다. 그들이 목에 이름표를 달고 거리를 걷는 동안 "나는 깡패입니다. 국민의 심판을 받겠습니다"라는 현수막이 뒤를 따랐다.[4] 몇 주만에 약 1만 4000명의 깡패와 다른 범죄자가 체포됐다. 이 캠페인에 제시된 공식 이유는 사회적 무질서에 책임이 있는 집단들을 사회에서 제거하는 것이었다.[5] 의문사위 보고서는 그런 반범죄 캠페인이 흔히 시민의 승인을 얻어내는 데 성공적이었다고 지적한다.[6] 대중의 지지가 유용했을 것임은 의심할 여지가 없다. 그의 외양적 민주 통치를 고려할 때, 1963년, 1967년, 1971년 대선 출마에서 그러한 행위가 꼭 필요했던 것은 아니더라도 말이다. 더욱이 이승만이 축출됐지만 그의 자유당 패거리들은 여전히 주위에 있었고, 또 그들이 국가를 계속 장악하는 데 그런 범죄 집단을 폭넓게 이용했다는 점을 고려하면 그들의 권력 기반을 뒤쫓는 것이 박정희 정권의 잠재적 경쟁자의 기반을 약화하기 위한 나쁜 방법은 아니었다.[7]

군사정권이 수행한 연이은 캠페인에서, 한때 악명을 떨쳤던 '정치 깡패'들이 제거됐다. 그들은 전국을 호령하던 막강한 영향력을 더는 행사하지 못하게 됐다. (권위주의가 공표된) 1972년 이전의 선거들에서 국가와 깡패가 협력한 데 대한 다양한 설명이 존재하지만, 그런 설명들은 여전히 매우 드물다.[8]

'범죄자들' 중에는 부정축재로 기소된 엘리트 사업가들이 있었다. 우정은에 따르면 본질적으로 이승만 정권에서 이득을 본 이라면 누구라도 다음과 같이 정의되는 '부정축재자'로 간주될 수 있었다. (1) 고유재산을 매수 또는 임차해 총 100만 달러 이상의 불법 이득을 취한 자, (2) 정부 또는 은행 소유의 외환 10만 달러 이상을 대출 또는 매수한 자, (3) 은행 대출에 대한 보답으로 5천만 달러 이상을 정치 자금을 제공한 자, (4) 공공사업 혹은 무역에 불법으로 계약 혹은 입찰해 200만 달러 이상의 이득을 취한 자, (5) 외환 매수 또는 할당을 독점해 200만 달러 이상의 이득을 취한 자, (6) 200만 달러 이상의 탈세를 한 자, (7) 불법으로 부를 해외에 유출한 자.[9]

그런 사업가들을 표적으로 삼은 이유에 대해 우정은은 박정희가 10대 기업 엘리트들을 소환해 '역사적 타협'을 성사했다고 설명한다. 형사소추를 받는 대신에 사업가들은 공장들을 세우고 이윤의 일부를 정부에 '기부'해야 했다. 우정은에 따르면 이 '타협'은 국가와 대기업이 "동일한 운명, 번영 혹은 쇠멸을 공유하는" '주식회사 한국'을 만들어냈다.[10]

'범죄자들'과 사업가들 모두 큰 타격을 입었는데, 표적이 된 이들은 그들만이 아니었다. 박정희 정권은 '반공주의'를 국가의 주요 우선순위로 선언하면서 약 3300명의 용공 분자를 추가로 체포했다. 다음해에는 정치활동정화법이 공포되어 4367명이 6년간 정치활동을 금지당했다. 제재를 당한 이들이 활동을 재개하려면 추가로 심사를 받아야 했는데, 그중 74명만이 허가를 받았다.[11] 관료도 예외가 아니어서, 공무원 약 24만 명 중 3만 5000명이 해고됐다.[12] 경찰과 군도 유사한 숙청을 당했다.[13]

군사정권의 권력을 더 공고화하는 데 한몫을 단단히 한 것은 1961년에 설립된 중앙정보부였다. 3000명으로 시작한 이 부서는 1960년대 말에는 요원 수가 37만 명에 이르렀다.[14] 군과 함께 중앙정보부는 1960년대부터 1980년대에 이르는 시기 내내 사회, 정치, 경제 영역에서 막대한 영향력을 행사한다.

1963년, 부분적으로는 미국의 압력 때문에 박정희가 지휘하던 국가재건최고회의는 해산한다. 존 리에 따르면 미국의 막대한 원조를 고려할 때 군사정권은 (원조를 선거 유지와 묶은) 주된 후원자와의 관계를 위태롭게 할 수 없어서 미국의 선거 민주주의 요구를 받아들이지 않을 수 없었다.[15] 1963년 이후의 남한을 자유민주주의라고 하기는 힘들지만 장윤식에 따르면 적어도 민정의 '외양'은 하고 있었다. 분리 독립된 정부의 주요 부문, 즉 행정부, 입법부, 사법부를 포함해 민주적 제도를 갖추고 있었다는 것이다.[16]

박정희와 그 지지자들이 1963년과 1967년 선거를 (추측컨대 1971년 선거 역시) 조작하고 또 야당에 비해 엄청나게 유리한 점을 가지고 있었지만[17] 박정희는 근소한 차이로 승리했다.[18] 달리 말해, 그가 언제든 사용할 수 있었던 엄청난 강제력, 즉 북한의 계속적인 위협 탓에 어쩔 수 없다고 정당화한 억압이 승리를 보장해주지는 못했다. 존 리에 따르면 그렇게 경제성장과 반공주의는 박정희의 권력과 정당성이 의존하는 "한 쌍의 이데올로기적 기둥"이었다.[19] 다음 장들의 사례연구에서 깊이 논의하겠지만 그런 경제성장은 대부분 저임금 유지와 사회 기반 시설 개선에 대한 막대한 투자에 달려 있었다. 경제개발오개년계획으로 남한은 1962년과 1966년 사이 국민총생산이 평균 7.8퍼센트 증가했다. 1971년 말에는 국민총생산 증가 퍼센티

지가 10.5에 이르렀다.[20]

1963년과 1971년 사이, 한국은 사실 외양적 민주주의 통치로 운영됐다. 그러나 1972년 유신헌법을 통과시킴으로써 박정희는 철저한 권위주의로 이행했다. 새로운 헌법으로 (1971년에 이미 대통령 임기 제한을 개정한) 박정희는 내각과 총리는 말할 것도 없고 모든 판사와 국회의원의 3분의 1을 지명할 권력을 갖게 됐다. 성문화된 법들이 그저 형식적 의례이기는 했지만 국가보안법 및 반공 법규들은 그럼에도 유효했고 모든 반대를 처리하는 데 이용됐다. 이뿐 아니라 긴급조치는 그가 선호하는 수단이었다. 1973년 긴급조치는 모든 파업을 불법으로 규정했다. 더욱이 긴급조치 9호로 정부에 대한 어떤 비판도 국가보안법 위반이 됐다.[21]

여기서 자연히 떠오르는 질문이 있다. 왜 박정희는 독재로 회귀했을까? 경제적 쇠퇴의 여파로 박정희의 경쟁자가 강세를 보이고 있었고(1971년 선거에서 김대중이 이길 뻔했다) 노사분규가 1971년에 최대 1656건이었다.[22] 노동자 시위뿐만 아니라 학생 시위도 증가했다. 이뿐 아니라 네 '보스들'을 중심으로 모인 당내 파벌들도 존재했는데 그중 일부는 권력을 김종필에게 밀어주려 했다. 1971년 여름에는 박정희에게 북한과의 대화를 끝내라고 요구한 특수대원 스무 명의 항명 파동도 있었다. 우정은의 표현에 따르면 상황은 "아래로부터의 위기와 정상의 지리멸렬"이었고 결국 그 관료적 권위주의 체제가 현상태 그대로 유지될 수 있는가 하는 의문이 제기됐다.[23] 우정은은

"그 혼란의 순간에 기업은 철저한 권위주의 체제에 우호적으로 국면을 전환하는 중추적 힘이었다"고 지적한다. 그런 전환을 하게 된 것은 자유주의적 정권은 구제금융을 구하면서 재정적 짐은 책임지지 않으려는 기업의 요구에 부응할 수 없었기 때문이다.[24] 박정희는 기업에 굴복하고 1971년 가을 구제금융을 발표했다. 기업들이 국내 민간 시장에 진 모든 부채에 즉각적인 지급 유예를 선언해준 것이다. 이 모라토리엄은 3년간 유지됐다. 그 결과 한국 기업은 "하룻밤 사이에 소생"됐다.[25] 브루스 커밍스에 따르면 "1971년 8월 3일의 이른바 '8·3조치'는 10월 위수령과 다음해 진화하는 유신체제로 나아가기 위한 단기적 조치"였다.[26]

군사정권(1961~1963)에서 유사민주주의 지배(1963~1971)로 장기간 이행한 뒤 1972년 다시 철저한 권위주의, 즉 우정은의 표현에 따르면 "국내에서 철권을 휘두를 수 있어 국내 경제를 재구조화하고 지속적 성장을 뒷받침할 수 있는 국가"로 회귀했다.[27] 1971년과 (박정희 암살 전해인) 1978년 사이 정권은 국민총생산 평균 9.8퍼센트라는 인상적인 성장률을 유지했다. 더욱이 같은 시간 동안 1인당 국민총생산은 288달러에서 1392달러로 증가했다.[28]

경제적 이득 외에 대중교육에도 영향이 있었다. 이를테면 1960년과 1980년 사이 중고교 입학생이 80만 2000명에서 416만 9000명으로 증가했다. 같은 기간 대학 입학도 10만 1000명에서 60만 2000명로 늘어났다. 10년 후 대학생 수는 100만 명을 넘는다.[29] 1960년 이승만 정권을 넘어뜨리는 데 일조한 운동에서 학생들이 선도적 역할을 했다는 것을 고려하면 이는 꽤 중대한 사안이었다.[30] 더욱이 학생들은 1970년대 민주화 운동에서 가장 두드러진 집단이었다. 당시 모든 시위대의 32퍼센트가 학생이었고 노동자들이 17퍼센트였다.[31]

민주개혁이 1987년에 이르러서야 이루어졌지만 그렇다고 민주화운동이 1980년대 말에 기적적으로 나타난 것은 아니었다. 사실 1960년대에도 민주화운동이 계속되었지만 1970년대 민주화운동은 늘어나는 새로운 다양한 사회집단들의 등장과 더불어 점점 더 강력해졌다. 그중 하나는 크게 늘어난 진보 성향의 중산층이었다. 각 집단에는 저마다 생각하는 문제와 고충이 있었지만 임기 제한을 없앤 박정희의 개헌, 이후 (공식적으로 권위주의를 시행한) 유신헌법 공포, 그리고 계속된 억압에 집중된 반대 의견은 대부분 일치했다.[32] '민주주의의 씨앗'은 박정희 정권의 억압적 환경에서 심어졌고, 이 씨앗은 결국 싹을 틔우고 자라서 다양한 영역의 사회 집단들을 자극해 민주주의를 향한 집단적 압력을 행사하게 했다.[33]

박정희 암살 전 가장 두드러진 사건은 서울의 가발 제조업체 YH무역의 여성 노동자들을 잔혹하게 억압한 결과로 일어났다. 노동자들은 착취적 노동조건에 저항하기 시작했고, 이에 정부는 즉각 시위를 진압하려고 경찰을 보냈다. 이 과정에서 노동자 200명이 잔혹하게 구타당했으며, 이 중 190명이 공장에서 달아나 김영삼이 이끌던 야당 신민당사로 들어가 단식투쟁을 벌였다. 사흘 뒤 국가는 예상대

로 한밤중에 진압경찰 1000명을 투입해 노동자 한 명을 죽이고 100명에게 부상을 입혔다.[34]

김영삼이 파업 진압에 대해 박정희 정권을 계속 비판하자 1979년 10월 4일 정부는 김영삼을 국회에서 제명했고, 이에 아흐레 뒤 김영삼을 지지하는 야당 의원 69명이 의원직 사퇴서를 제출하기도 했다. 이 사건은 한반도 곳곳에서 추가 시위에 불을 붙였다는 점에서 의의가 더 크다. (김영삼의 지역구인) 부산에서 처음 시작한 시위는 정부가 '위수령'을 선포한 뒤로는 마산, 서울, 대구, 청주로 퍼져나갔다.[35] 김영삼이 의원직을 박탈당하고 22일이 지난 10월 26일, 부마사태를 처리할 방법을 논의하고자 모인 자리에서 중앙정보부장 김재규가 박정희를 저격했다. 나중에 김재규는 "박정희가 마산과 부산을 피바다로 만들려 해 국민을 구하고자 암살을 계획했다"고 주장했다.[36] 그 동기가 어떻든 간에, 김재규가 쏜 총탄으로 인해 남한에서 가장 논쟁적인 지도자 중 한 명의 18년간의 지배가 종식됐다.[37]

박정희 이후, 그리고 전두환의 등극

김재규가 박정희의 임기를 폭력적으로 끝냈지만 그는 또 다른 잔혹한 독재, 이번에는 전두환의 독재를 위한 길을 닦았다. 박정희가 살해된 뒤 권력은 공식적으로 총리 최규하에게 이양됐다. 그는 과도정부의 대통령을 맡다가 결국 계엄령을 선포한다. 계엄령을 선포했음에도 불구하고 1979년 11월 최규하는 '민주주의를 촉진'하고자 헌법을 개정한다고 선언했다. 그런 과정에서, 권리의 대부분을 박탈당했던 수백의 시민들, 즉 교수, 기자, 학생 그 밖의 정치 행위자들(여기에는 미래의 대통령 김대중도 있었다)이 복권됐다.

그러나 최규하 행정부는 오래가지 못하고, 보안사령관 전두환 장군이 1979년 12월 12일 군사반란으로 권력을 잡는다. 신군부가 군부 내 사조직인 '하나회' 장교를 중심으로 이런 행보를 벌이는 동안에도, 국민들의 민주화 열기는 나날이 높아갔다. 10·26 사건을 계기로 탄생한 이른바 '서울의 봄' 시기에 정치 지도자와 학생, 노동자들이 몇 달 전 정부가 한 민주화 약속들을 이행하라고 요구하며 거리에 나서기 시작한 것이다. 전두환은 이 맹렬한 시위를 사회 혼란으로 몰아붙이며 진압하려 했다. 1980년 5월, 시위는 전국으로 퍼져나갔고 학생 20만 명이 참여했으며 그중 5만 명은 서울 학생들이었다.[38] 3장에서 논의했듯이 학생들은 1960년 이승만을 축출하는 데 상당한 역할을 했다. 전두환과 그의 군사적 후원자들도 이 사실을 염두에 두고 있었을 것이다.

권력 공고화 과정에서 전두환은 4월 14일 자신을 중앙정보부장서리로 임명하고 한 달 뒤 5월 17일 군사쿠데타를 이끌었다. 전두환의 이런 행보는 추가 시위들로 이어졌고 이 중 다수는 광주에서 시작됐다. 처음에는 500여 명이 '가두시위'를 벌이고 있었다. 그런데

'최정예 공수부대원들'이 시위대를 폭력적으로 진압하면서 기꺼이 목숨을 바쳐서라도 시위를 벌이려는 이들이 늘었다. 사흘 뒤, 수많은 주민들이 사실상 군인들을 광주 밖으로 몰아냈다. 5월 27일에는 군인들이 다시 무차별 폭력으로 대응했다.[39] 광주사태, 광주학살 등으로 불리다 현재 '5·18광주민주화운동'으로 공식 명칭화된 이 사건의 사상자는 보고되기로는 사망 161명, 부상 2948명, 실종 64명이지만, 브루스 커밍스는 광주의 매월 평균 사망자가 2300명이었는데 그해 5월은 2600명이었다고 지적한다.[40] 이 봉기에 관해 의문사위 보고서는 이렇게 언급했다.

> 시민들은 몸 바쳐 유신정권을 끝내고 신군부의 권력 장악을 차단하려 했다. 민주주의에 기초한 정권을 수립하는 게 목적이었다. 사실 광주민주화운동은 한국의 민주화운동의 전환점이 되었고 이는 민주주의를 회복하기 위해 그 운동을 알리려는 사람들과 그런 노력을 억누르려는 당국 사이의 대치에서 분명히 드러났다. 이후 운동들은 광주민주화운동을 상기했고 이 운동은 사람들이 1980년대 신군부정권과 투쟁할 때 엄청나게 큰 에너지가 되었고 결국 1987년 6월항쟁으로 이어졌다.[41]

전두환의 억압은 박정희 정권(1961~1979) 때보다 훨씬 심했다.[42] 물론 전두환이 초기에 직면한 조건들은 박정희가 1961년 임기를 시작할 때 해결해야 했던 조건들과 꽤 많이 달랐다. 박정희가 집권한

18년 사이, 한국은 가난한 농업사회에서 전반적으로 도시화되고, 교육 수준이 높아졌으며, 민주주의에 대한 열망이 강한 투쟁적인 사회로 바뀌었다. 박정희는 자신이 임명한 중앙정보부장의 손에 죽었지만, 그가 꾀한 '경제 기적'의 성공 또한 그를 파멸로 몰아넣은 원인이었다. 임기 중 박정희는 한국을 저능력 저자율성 국가에서 언제든 엄청나게 큰 강제력을 행사할 수 있는 국가로 만들었다. 그런데 국가의 강제력은 민주주의를 지지하는 사회 세력을 억누르는 데 점점 더 자주 사용되어야 했다. 달리 말해 권력의 균형이 개혁을 지지하는 이들에게 점차 기울어지고 있었다. 전두환이 '물려받은' 국가가 바로 그런 상태였다.

광주민주화운동과 이후 (삼청교육대와 같은) 시위와 반체제 인사에 대한 강력 탄압이 뚜렷하게 보여주듯이, 전두환은 권력을 유지하는 데 폭력을 쓰는 것을 두려워하지 않았다. 다음 단락에서 논의하겠지만, 1980년과 1983년 사이 시민사회 활동과 사회의 다양한 일파의 반대 활동도 절멸은 아니더라도 전두환의 마키아벨리 같은 통치술로 대개 억압되었다. 그러나 질서가 회복되자 전두환 정권은 점차 자유화 정책을 시작했고 결국 반정부 활동이 부활했다.[43]

1983년 말에 시작된 전두환의 억압 조치들은 해제되기 시작했다. 먼저 반정부 교수들이 교수직을 되찾았고, 학생 1000여 명이 학교로 돌아와 학문에 집중했으며, 전경이 모든 캠퍼스에서 철수했다. 또한 정치범 300여 명이 풀려났고 1984년에는 권좌에서 축출됐던 정치인 200여 명에 대한 금지령이 해제됐다.[44] 같은 시기 전두환은 36년간 시행되어온 통금을 해제했고, 그 결과 (2장에서 논의했듯) 밤 문화가 폭발적으로 증가했다.

이런 일련의 사건들을 보면 '3년간 정권 반대 활동을 성공적으로 억압했던 정권이 왜 자유화 조치로 돌아섰는가'라는 질문이 떠오른다. 그 근거를 추려보면 정세에 대한 정권의 오판과 외적 요인들이라고 김선혁은 주장한다.[45] 먼저 김선혁에 따르면 전두환 정권은 기존의 제도적 권력으로 사회의 반대를 통제할 수 있는 능력을 과대평가했다. 오버도퍼는 퇴진이 전두환의 의도였다고까지 말한다. 전두환은 권좌에 오르기 전 당시 미 대사에게 이렇게 말했다고 한다. "내가 대통령이 되면 한국에서 정당하고 합헌적인 방식으로 권력을 이양한 첫 인물이 전두환이라고 말하는 역사책을 만들고 싶습니다."[46] 1985년 총선이 다가올 때까지 전두환은 당의 인기를 끌어올리고 그렇게 자신의 권력 기반인 의원들이 많이 당선되도록 힘을 쓰는 중이었다.[47] 또한 외국의 이목이 쏠릴 수밖에 없는 86 아시안게임과 88 서울올림픽이 다가오고 있었다.[48]

전두환의 동기가 무엇이었든 누군가는 그에게 직언을 해야 했다. 전두환이 반정부 정서를 억압하는 데 이용한 가혹한 정치 수단들을 완화한 조치는 궁극적으로 역효과를 낳았고 정치 개혁을 요구하는 거친 목소리를 또 다시 부활시키는 길을 닦았다.

불쏘시개가 마련된 상태에서 전두환의 몰락을 촉발한 불꽃은

1987년 1월 서울대생 박종철 '고문치사' 사건이었다. 책상을 탁 치니 '억' 하고 쓰러져 사망했다는 공식발표는 사안의 심각성을 감춰주지 못했다. 민주화와 개혁, 인권을 외치는 시위가 전국적으로 벌어져 몇 달간 거리는 시위대와 전경의 대치로 어지러웠다.[49] 대통령 직선제 개헌 논의를 올림픽 이후로 미루자는 4·13호헌조치에 이어 5월 18일에 천주교정의구현전국사제단이 폭로한 박종철 고문치사 사건의 축소 및 은폐 문제 등으로 민심이 격앙된 상황에서, 6월 10일에 전두환은 부분적으로 항복하는 모양새를 내비친다. 노태우 전 장군을 후계자로 직접 골라 민주정의당 대통령 후보로 선출되게 한 것이다. 이 발표는 더 많은 시위를 불러와 전두환은 시위대를 진압하기 위해 군을 동원하려 했다. 그러나 1960년 이승만의 쇠퇴기에 일어난 군의 불복종을 두려워한 전두환의 부관들은 이 조치의 위험성을 경고했다. 국내 세력 외에도 미국 정부는 특사이자 동아시아 태평양 담당 차관보인 개스턴 시거Gaston Sigur를 통해 외교적 압력을 가하고 전두환에게 정치적 목적으로 군을 사용하는 것을 경고했다.[50]

전두환이 임명한 후계자 노태우는 6월 29일 '민주화 선언'을 발표했고, 거기에는 처음으로 모든 유권자가 직접 대통령을 선출하도록 하는 개헌이 포함됐다.[51] 정치적 악영향을 피하고 심각한 폭력 사태가 또 일어나는 것을 막고자 선거가 같은 해 12월에 실시됐고, 노태우가 36.6퍼센트의 표를 얻어 당선했다. 주된 원인은 자유주의 성향의 두 야당 후보 김영삼과 김대중의 분열이었다.

(우리가 예상하는 것처럼) 민주적 선거가 도입되어 자동으로 남한에 자유민주주의가 공고화된 것은 아니지만[52] 사회가 자신이 선출한 지도자들에게 책임을 묻게 하고 또 그렇게 함으로써 점차 민주주의를 공고화하는 데 이용할 수 있는 공식화된 기제들이 도입됐다.

전두환 이후

노태우 정권이 이전의 권위주의 정권들로부터 혜택을 얻었다는 것은 의문의 여지가 없다. 1987년 7, 8월 노동자 대투쟁 초반에 정권이 경찰 동원을 주저했다는 것이 증거가 되듯 (다음 단락에서 논의한다) 노태우는 박정희와 전두환이 누리던 수준의 자율성이 없다는 것을 잘 인식했다. 전두환이 항복하고 직접 민주선거가 도입된 이후 정부들은 다양한 법 및 정치 시스템을 개혁해 과거의 권위주의와 점차 멀리하려 했다. 김선혁에 따르면 과거와 절연하려는 가장 진지한 시도는 김영삼이 첫 민선 대통령에 취임하면서 시작됐다.[53]

김영삼은 취임 이후, 전에도 새로운 행정부가 들어설 때마다 그랬듯, 정부 (비선출 관리), 관료, 군경에서 전두환의 쿠데타나 부패에 연루된 이들을 일소했다. 나아가 김영삼은 1979년 12월 12일의 정권 장악을 '쿠데타와 같은 사건'으로 선언했고 이 사건과 광주항쟁에 대한 추가 조사를 약속했다.[54] 1년간의 조사를 마친 1994년 10월, 정부는 전두환과 노태우가 군사 쿠데타를 획책했다고 발표했고 그런 범죄가 국민적 화합에 해를 끼칠 가능성이 있었다는 점을 들어 기소했다. 다음 해 정부는 공소시효를 들어 전두환과 노태우를 기소하지 않기로 최종 결정을 내렸다.[55]

정부가 전두환과 노태우 사건에 조치를 취하지 않겠다고 발표하자 교수, 학생, 노동자, 중산층 시민 들이 참여한 대규모 시위가 10월과 11월 내내 열렸다. 이 결정의 여파로 일어난 시위에는 1987년 6월항쟁 때보다도 많은 시위대들이 참여했고, 결국 국가적 위기에까지 이르렀다.[56] 정부는 시민사회의 압력에 굴복했고, 1995년 11월에 1980년 광주학살에 연루된 이들을 소급 적용해 처벌하는 특별법을 반포했다. 이 법의 결과로 전두환과 노태우를 포함해 장군 출신 11명이 뇌물 수수, 반역, 반란 등 여러 혐의로 체포됐다.[57] 또한 5·18특별법으로 활동가 대표들이 해금됐고 희생자를 기리는 기념관들이 건립되기도 했다. 대표적인 장소가 광주항쟁의 희생자들이 묻힌 망월동 묘역으로, 이곳은 결국 국립묘지로 지정됐다.[58]

전두환과 노태우는 1997년에 결국 사면된다. 그렇지만 이 전직 장군들을 기소한 것을 계기로 권위주의 정권의 과거와 민주주의가 지배하는 오늘 사이에 분명한 선이 그어졌다.[59] 권종범의 표현을 빌리면, 김영삼도 그리고 이후 김대중(1998~2003)도 "'신한국'을 건설하고 과거의 권위주의 정권들과 거리를 두는 정책과 사업 들을 적극 추구"했다.[60]

시민사회의 성장

이 책의 핵심 주장은 이승만 행정부 이후 무력 시장에서 국가와 비국가의 협력이 사회 세력에 대한 국가 자율성의 상대적 수준과의 상관관계로 대개 설명된다는 것이다. 널리 인용되는 논문인 「강성 국가와 투쟁적 사회(Strong State and Contentious Society)」에서 구해근은 한국이 근대화와 산업화로 향하는 역사적 과정의 중심에는 국가와 사회의 관계가 있었다고 주장한다. 구해근은 이렇게 지적한다.

국가가 사회 변형의 지배적 방향과 틀을 설정하는 데 중요한 역할을 했지만 사회 및 정치 변화의 구체적인 과정들은 개인, 집단, 사회 계급이 국가의 행동들과 사회 변화의 경험들에 반응한 특정한 방식에 깊은 영향을 받았다.[61]

또한 구해근은 한국의 시민사회가 역사가 짧고, 제도적 특성이 상대적으로 발전되지 못했으며, 늘 국가 권력에 맹렬히 저항하는 특성과 폭력적으로 분출하는 경향이 있다고 설명한다.[62] 신기욱 등이 요약한 것처럼, "강성 국가와 투쟁적 사회의 공존은 반정부 활동을 위해 사람들이 모이고 국가가 반정부운동을 억압하는 무대를 마련했다."[63]

한국의 짧은 현대사에서 우리는 확장과 수축을 반복하는 국가와 시민사회 관계의 패턴을 쉽게 확인할 수 있다. 한국의 점차적인 민주화를 설명하면서 김선혁은 세 주요 시기, 즉 1948년 이후 발생한 '중대 국면'을 구별한다. 1956~1961년, 1973~1980년, 1984~1987년이 그것이다.[64] 시민사회의 역할을 설명하면서 나는 김선혁이 세운 중대 국면 연대표를 따를 것이다.

제1 민주화 국면: 1956~1961년

제1 국면에는 4·19혁명으로 불리는, 주로 학생들이 이끈 시위가 이승만 독재정권(1948~1960)을 타도하는 사건이 있었다.[65] 최장집은 대규모 시위를 이끌 주요 이슈들이 이승만 정권의 부패와 비효율성이었고, '부정선거'였음에도 지배를 계속하겠다는 발표가 기폭제가 됐다고 주장한다.[66] 이 시위는 이승만을 강제 추방했다는 점에서 성공이었는데 급진적 학생들은 이 운동을 계속하고 남북통일이라는 쟁점을 포함시켜, 부분적으로는 북한 학생들을 자신들의 운동에 가담할 것을 요청해 그 범위를 확장하려 했다. 최장집이 지적하듯 그에 대한 반공적 대응은 박정희의 군사 쿠데타였다.[67]

제2 민주화 국면: 1973~1980년

제2 국면에는 사실상 권위주의를 합법화한 박정희의 유신헌법 시행, 1979년 박정희의 암살, 짧게 피어던 민주주의에 대한 희망, 또 다른 군사독재자 전두환의 집권이 있었다. 이승만 정권을 넘어뜨릴 때는 학생들이 앞장선 반면 1970년대에는 학생들을 아우르는 여러 행위자들로 그 세력이 확장됐고, 도시 노동자, 지식인, 종교단체, 기자 들이 서로 협력했으며 계급의식이 강한 중산층도 합류하게 됐다.[68] 서로 다른 집단들 사이에서 협력의 구심점은 흔히 노동 문제였다. 예컨대 구해근은 남한의 수출 지향적 권위주의적 산업화 시기로 부른 기간 동안 교회 단체와 학생 들은 노동자를 무력한 '착취와 억압의 희생자'로 보아 그들을 도우려 했다고 지적한다.[69] 종교와 노동 연대에 대해 신기욱 등은 가톨릭노동청년회와 도시산업선교회 같은 진보적 종교단체들이 야학과 상담을 제공했을 뿐 아니라 노동조합의 설립을 도왔다고 말한다.[70] 구해근에 따르면 그런 활동으로 노조와 '계급의식'이 처음으로 탄생했다.[71]

산업 노동자들을 돕는 것 외에도 종교단체들은 다양한 사회집단들 사이에서 중개인과 중재자 역할을 했고 시위와 기타 지지 활동으로 인권을 옹호했다.[72] 장윤식은 1975년과 1978년 사이, 학생 시위가 국가의 억압에 직면해 쇠퇴한 이후 특히 기독교인들이 다른 어떤 집단보다도 많이 시위를 벌였다고 지적한다.[73]

'교회'가 1970년대에 눈에 띄는 역할을 했지만 1970년대 말과 1980년대에는 대학생들이 두각을 나타내기 시작했다. 이 시기 전체 공장 노동자가 약 300만 명으로 늘어났고 한국의 가장 큰 노동집단이 되었다.[74] 구해근에 따르면 사회변화의 도구로서 그들의 잠재력을 처음으로 가장 명확히 알아본 이는 학생 활동가들이었다.[75] 1980년대에는 학생 수천 명이 학교를 그만두고 공장에 들어갔는데, 그 동기는 노동자들을 민주화운동의 최전선에 두려는 것이었다.[76] 공장에서 그들은 민주주의 사회를 만드는 일에서 노동조직과 계급투쟁의 필요성을 설파했다.[77] 그런 활동으로 산업 노동자들이 결국 조직되어 1980년대 말 민주화에서 중요한 역할을 하게 된다.

　1970년대에 들어, 앞서 논의한 집단들로 구성된 다양한 반체제 관계망들이 크게 발전하고 확장되어 결국 권위주의에 반대하는 강력한 정치 동맹을 형성했고, 계급에 기초한 이슈들이 최고조에 달했다. 1970년대 말 무렵 반체제 시민사회 집단들의 느슨한 동맹은 주요 야당, 즉 당시 김영삼과 김대중이 함께 이끌던 신민당과 함께해 결국 정치사회와 연결된다.[78]

　봉기의 조건이 무르익은 상태에서 1979년 YH무역 노사분규 사건과 이후의 진압은 (앞 단락에서 논의한) 정치적 이행을 지지하는 또 다른 대규모 시위를 촉발하는 불꽃이 된다. 이전 국면(1956~1961)에서는 시민사회가 이승만의 강제 추방을 이끌었고 1979년 대규모 시위들이 박정희 협력자였던 김재규가 그를 암살하도록 이끌었다.[79]

그런데 박정희 사망 이후 잠시 권위주의가 멈춰 있는 동안 시위는 줄지 않고 외려 강화됐다. 이에 최규하 과도정부는 유신헌법의 특정 부분들을 삭제했고 감옥에 있거나 가택 연금을 당한 여러 반체제 인사들(예컨대 전직 대통령이자 반유신 활동가 윤보선)을 석방했으며 유신헌법에 대한 비판을 범죄로 규정한 긴급조치 9호를 해제했다. 그러나 이 짧은 기간의 개혁은 전두환이 이끄는 군 강경파들이 들어서면서 바뀌었다.[80]

남한 전역에서 시위가 늘었고 서울에서는 학생과 노동 집단이 이끄는 상당히 큰 규모의 시위가 열렸으며, 이에 대한 대응으로 계엄령이 나라 전역으로 확대됐다. 군 강경파들의 이 조치는 불안 상태를 가라앉히지 못했고 결국 계엄령 확대 발표 다음날, 앞서 언급한 5·18광주민주화운동으로 이어졌다. 광주민주화운동은 1980년과 1983년 사이의 유의미한 시민사회 활동 대다수와 마찬가지로 결국 진압됐다. 한국은 또 다른 군사정권의 철권통치로 들어갔다.

제3 민주화 국면: 1984~1987년

이 연구의 범위와 관련해 선거 민주주의로 이행하기 전 이 마지막 시기가 특히 중요하다. 1983년 전, 강제 철거와 관련해서 국가는 재개발 과정에서 사실상 모든 면에서 주요한 역할을 했다. 이것은 목동 재개발 과정에서 대규모 시위들이 한창 벌어지는 동안 그 과정을 민영화하면서 달라졌다. 노동 억압과 관련해서는 민간 경비 회사와 기타 비국가 행위자들(예컨대 구사대)을 허가하는 조치가 이른바 노동자대투쟁(1987~1989) 기간 중인 1987년에 시작됐다. 1980년과 1983년 사이 가혹하고 가차 없는 억압을 통해 시민사회는 효과적으로 억압됐다. 물론 절멸되지는 않았다.[81] 그러나 앞서 논의했듯이 정부가 오판해 시민사회 통제를 완화하면서 시민사회가 다시 출현했고, 이는 군사정권에 역효과를 냈다.[82] 특히, 민주주의를 지지하는 학생, 노동자, 교회의 지하 관계망이 다수 출현했다. 민주화운동청년연합(민청련), 한국노동자복지협의회(노협), 천주교정의구현전국사제단과 같은 조직들은 활동 범위가 확장되었을 뿐 아니라 상위 조직 역할을 하는 전국 협회를 구성해 다양한 집단들이 동맹을 맺기도 했다. 예컨대 1984년에는 ('부문별 운동 집단'들로 구성된) 민중민주운동협의회(민민협)가 창설됐고 곧이어 (종교 지도자들과 지식인들로 구성된) 민주통일국민회의(국민회의)가 결성됐다.[83] 민민협과 국민회의는 1985년에 민주통일민중운동연합(민통련)으로 통합됐는데, 이 단체는 도시 노동자, 지식인, 저술가, 기자, 종교 활동가, 기타 인물 등 24곳의 개별 집단으로 구성됐다.[84] 권위주의의 완화 시기는 또한 신한민주당이라는 진정한 야당이 강화되는 길을 닦았다. 김대중과 김영삼이 이끈 이 당은 1985년 총선에서 의석의 29.25퍼센트를 차지한다.[85]

앞서 설명했듯이 1987년 1월, 서울대생 박종철의 고문치사는 시민사회에 또 다시 불을 붙여 선거 민주주의를 이끌었으며, 권력은 결국 노태우에게 넘어갔다. 최장집에 따르면 노태우가 개헌 요구를 받아들인 6·29 민주화선언으로 도시 중산층은 대개 거리에서 자기 자리로 돌아갔고, 온전한 민주주의와 공정한 재분배라는 '최대주의 개혁'을 요구하는 급진 민중주의 세력은 권력이 줄어들었다.[86] 달리 말해 당시 노태우가 이끌던 여당은 중산층에게 직접선거라는 일편 의 민주주의의 희망을 주어 위기에서 비교적 큰 탈 없이 벗어날 수 있었다. 그러나 노동자의 사회경제적 조건은 달라지지 않았고, 그들 은 또 다시 정치적 시위의 최전선에 서게 됐다. 이번에는 중간소득 계층의 지지가 없었지만 말이다.[87]

중산층과 급진적인 투쟁적 사회집단의 분열은 1989년 초 경기 하락의 여파로 일어난 시위에서 찾아볼 수 있다. 국제 경쟁이 증가 하고 (부분적인 원인은 국내 시장의 임금 인상이었다) 생산성이 하락하자 노태우 정권은 타격을 입었다. 오기창의 표현을 빌리면 경제적·정 치적 위기의 '이중고'였다. 1991년 학생들은 한 동료 학생이 사복 경 찰관에게 살해당한 뒤 또 다시 시위를 벌이기 시작했다. 노태우는 서둘러 책임을 지고 있는 내무부 장관을 파면했지만 시위들이 뒤따 랐다. 여든일곱 도시에서 약 20만 명의 학생 및 노동자들이 참여한 것으로 추산된다. 그러나 중산층은 국내외 언론에서 보도됐듯이 의 식적으로 불참했다.[88] 《뉴욕타임스》는 이렇게 보도했다. "중산층은 학생과 투쟁적 노동자 들의 완고한 태도에 질린 것 같다."[89] 자신의 대의를 위해 중산층을 끌어들여야 함을 잘 인식하고 있던 학생들은 몸에 시너를 붓고 불을 붙이기까지 했다. 중산층이 행동을 취하도록 충격을 주기 위해서였다. 학생들은 목숨을 잃었고, 중산층은 반응을 보이지 않았다.[90]

1987년 전, 노동을 포함한 시민사회의 다양한 부분과 중산층 사이의 동맹은 권위주의 통치 체제를 제거하는 목표를 공유했다. 정치 문제가 해결되자 중산층은 흩어졌다. 노동자와 학생의 급진적 집단들이 잠재적으로 국가와, 더 중요하게는 자신들의 지위에 유해하다고 본 것이다. 이 분열은 연이은 정부들이 흔히 민간 대리인을 통해 경제를 발전시키고 질서를 유지하는 능력을 가질 수 있었던 핵심 요소 하나였다. 요컨대 앞으로 보이겠지만 정부는 중산층이 다시 출현해 덜 강력한 사회 집단들과 동맹을 맺는 것을 막고자 대리인들을 이용한다.

결론

다음 두 장에서 보이겠지만, 사회적 압력이 증가하자 국가는 민주화의 서곡이 되는 1980년대 중반에 정치적 반발을 피하면서도 질서를 유지하고 늘어나는 중산층의 요구를 충족하고자 기존과는 다른 전략들을 이용하기 시작했다. 그런 전략 가운데 하나는 비국가 폭력 전문 집단과 협력하는 것이었다. 이 민간 경비 회사들은 흔히 본성상 합법적이지만 통상적 활동의 일환으로 범죄적 폭력을 이용한다. 분명 경찰, 나아가 국가는 결코 뒤로 숨지 않았다. 경찰이 강제 철거와 파업 진압에서 민간 경비 용역들과 손잡고 일하는 것은 여전히 드물지 않고 그 증거 사례는 적지 않다. 그렇다면 무엇이 달라진 것인가? 그에 대한 대답은, 민간 경비 회사가 그런 활동에서 선두에 서는 반면 경찰은 질서 유지와 관련해 정당성 문제가 생길 위험이 있어 자신이 움직여야만 할 정도로 폭력 사태가 심각해질 때 개입한다는 것이다.

그러나 국가가 완전히 '물러서지' 않았다고 해서 이 연구의 가설이 약해지는 것은 아니다. 왜 그런가? 국가가 기꺼이 개입해, 그런 개입에 늘 수반되는 정치적 반격이라는 위험을 감당할 의사를 보이기는 했지만 국가의 개입은 보통 단 며칠간만이어도 될 정도로 최소화되었기 때문이다. 사회에서 관심을 기울이는 것은 이 며칠이다. 2009년 용산재개발 참사가 (다음 단락들에서 상세히 논의할 텐데) 그 중거다. 그러나 일반적으로 노출되는 것은, 국가가 개입할 때와 동일한 정도는 아니더라도, 민간 용역들과 그들이 법을 집행하고자 억압, 내쫓기, 협박 등을 가하는 집단들 사이에서 벌어지는 몇 달간의 폭력적 충돌이다.

6장

강제 철거의 정치

: 목동 재개발에서 인사동 노점상 철거까지

대략 1960년부터 1980년 사이에 한국은 시골 중심의 농업사회에서 도시 거주가 주가 되고 교육 수준이 증가한 사회로 변모했다. 대도시 인구가 아주 빠른 속도로 늘면서, 결국 싼 주택과 재개발에 대한 수요가 발생했다. 만약 '용역회사'로도 불리는 민간 경비 회사(구체적으로는 강제 철거 전문 회사)가 늘 강제 철거를 처리했다면 이 틈새시장에서 그런 국가와 비국가 협력의 근거를 파악하는 것이 틀림없이 더 어려웠을 것이다. 그러나 이 현상과 관련해 시간과 장소의 변화에 따라 차이도 존재했다. 이를테면 국가가 처음에는, 그러니까 1950년대 초부터 1980년대까지는 강제 조치에서 선두에 섰다. 이 논의의 초점은 그 변화된 전술, 강제력의 자원이 국가에서 비국가로 바뀌는 것을 설명하는 것이다. 강제 철거 사례에서 우리는 국가가 재개발이라는 공공재를 공급하는 어려운 일, 즉 그 수단으로 인해 처벌의 위험이 있는 일에 직면하는 상황을 접할 수 있다. 나는 민간 무력 시장으로 이행한 것이 그 직접적 도전에 대한 국가의 대응이었다고 주장할 것이다.

도시 이주: 판자촌 문제

많은 빈민 이주자들은 가장 싼 불법 주택에 입주해 도시 생활의 첫발을 내딛었다. 주로 정부 땅에서, 때로는 사유지에서, 아니면 말 그대로 임시변통으로 판자를 얼기설기 꿰어 만든 집들이 늘어선 판자촌, 불법 정착지에서 집을 구했다. '비닐하우스', '달동네', '산동네'도 그런 곳을 가리켜 부르는 이름이었다. 달동네나 산동네는 산비탈과 가까운 데 있다고 해서 붙은 이름이다. 또한 이런 집들은 흔히 강바닥 옆이나 사용되지 않는 땅에 위치했다.[1]

판자촌은 대도시 풍경에서 여기저기 흩어져 있었는데, 전기와 수돗물도 없는 경우가 흔했고, 쓰레기와 분뇨도 제대로 처리되지 못했다. 그런 조건에서는 결국 전염병이 창궐하게 마련이었다.[2] 판자촌이 산비탈과 강바닥 인근에 위치했다는 게 그들의 상황을 개선하는 데 도움이 되지는 못했다. 장마 때마다 홍수가 나고 토사가 밀려왔고, 건조할 때는 화재가 나기 십상이었다. 그런 조건과 바뀌는 정부 의견과는 상관없이 이런 정착지는 빈민에게 값싸고 비교적 편리한 주택을 제공했다.

판자촌은 각종 위험의 온상이었을뿐더러 성적 사생활이 전혀 보장되지 않았으며 정부의 근대화 추진에, 적어도 번영한 국가라는 인식에 걸림돌이 됐다. 게다가 불법이었고, 사회 세력을 통제하는 정부의 역량이 부족함을 드러내는 치부로 인식되었다. 1961년 정권 초 박정희는 무허가 주택을 사회 질서에 문제가 되는 것으로 보았고 그 불법 정착지를 일소까지는 아니지만 제한하려 했다. 대통령이 임명한 시장이 지휘하는 서울시청은 주택 정책을 만들고 시행하는 데 앞장섰고, 중앙정부는 포악한 역할을 자임하면서 도시 기획에 자원을 제공하곤 했다.[3]

1960년대 초 판자촌을 없애는 표준 절차는 주택을 헐고, 필요하다면 주민들을 강제로 도시 바깥으로 내쫓는 것이었다. 내쫓긴 철거민들은 동일한 혹은 그보다 열악한 다른 주택을 짓곤 했다. 그러니까 도시로 돌아와 집을 다시 짓는 것이었다. 이런 철거 정책은, 앞서 언급했듯이 판자촌이 특히 취약한 자연재해가 빈번히 일어날 때도 시행됐다. 정부는 저소득자 아파트를 공급해 그 문제를 바로잡고자 했지만 1964년 서울의 5만 채가 넘는 불법 판잣집을 철거하고 정부가 보조금을 지급하는 임대주택을 새로 건설하는 것은 점차 비현실적인 일로 간주됐다. 특히 공영 주택은 불법 정착민 다수에게 여전히 너무 비쌌다는 것을 고려하면 더 그랬다. 1969년 7월, 1만 6000가구가 들어가는 이른바 '시민아파트' 407곳이 완공되어 철거민들에게 할당됐고 더 많은 아파트가 연말까지 완공될 터였다. 판잣집 거주자 가운데 입주금과 세를 감당할 수 있는 이들은 경제적으로 성공한 소수였다. 잔여분은 불법으로 분양권을 산 서울의 중산층 차지가 되기 일쑤였다. 서울특별시청은 이후 광범위한 공공 주택 계획들은 중단했고, 빈민가를 철거하고 주민들을 다른 방식으로 다루는 방법을 택했다.[4]

단순히 같은 장소(혹은 다른 곳)에 다시 짓는 것 외에도 주민들은 시청에 항의하고 공무원에게 뇌물을 줘 자기 집을 부수지 않게 하는 방식으로 철거에 대응했다. 1968년 5월, 시 공무원 및 경찰 44명이 300호 이상의 가구로부터 그런 뇌물을 받은 혐의로 해고됐다.[5] 가장 흔한 것은 철저한 물리적 저항이었다. 경찰과 지역 행정관 들은 건물 철거와 강제 퇴거의 책임을 맡고 있었다. 경찰이 주민을 내쫓기 위해 불도저, 물대포, 최루탄을 사용하는(미국 남부의 민권 운동 시기를 연상시키는) 광경이 비일비재했다. 1966년과 1970년 사이 서울시장이었던 김현옥은 일을 드세게 밀어붙이는 방식으로 인해 '불도저 시장'이라는 별명이 붙은 이였다. 특히 시청이 스스로 많은 수의 철거민을 감당하기 힘들 때, 용역들이 간간이 동원됐다. 하지만 경찰은 의심할 나위 없이 이 모든 일의 선두에 섰다.[6]

1972년 초, 서울특별시청은 1971년 11월 이전에 지은 판잣집은 부수지 않겠다고 발표했다. 이때 서울은 항공사진을 찍어 그 사진을 여러 지역 사무소에 배포했다. 판자촌 약 17만 3900곳이 확인됐고,

그 소유권이 사실상 합법화됐다. 이로써 본질상 두 유형의 판자촌 주민이 탄생했다. 적어도 약간의 권리가 있는 판잣집 소유주와 권리가 없는 세입자 말이다.[7] 이후 1973년, 서울특별시청은 주택개량촉진에 관한 임시조치법을 채택했다. 이 정책에 따라 서울시는 모든 불법 판잣집을 철거하고 합법 소유주로 인정된 이들은 1982년까지 집을 개선하거나 철거를 하도록 하는 계획을 세웠다. 196곳이 재개발 지역으로 지정됐다.[8] 지역마다 정책이 조금씩 다르기는 했지만 판잣집 소유주는 주택 개조나 퇴거에 대한 보상으로 현금이나 주택 대출을 받았고, 세입자는 어떤 보상도 받지 못했다. 재개발 정책이 두 집단에게 서로 다른 방식으로 영향을 미친 것이다. 소유주들은 단순히 퇴거해 보상을 받기도 했을 뿐 아니라 지역의 재개발과 향상이 지가 상승과 깊은 상관관계가 있었다는 점에서 상당히 큰 이익을 얻기도 했다. 그러나 세입자들은 스스로 퇴거하거나 강제로 쫓겨나는 두 가지 선택지밖에 없었다. 이 정책으로 판잣집 소유주는 정부 편에 서게 됐고 세입자는 국가 세력, 부동산 투기꾼, 건설회사, 더 많은 상업 공간을 필요로 하는 사업가들, 그리고 극심한 주택 부족으로 증가한 집값에 직면한, 점점 늘어나는 서울의 중산층에 맞서는 자리에 서게 됐다.[9]

시민사회의 역할

재개발과 도시 미화 사업의 일환으로 강제 철거가 1960년대부터 진행되었지만 노동 문제만큼 시민사회의 관심을 끌지는 못했다. 그렇지만 노동 문제는 본질적으로 주택 문제와 연결되어 있었다. 예를 들어 한국의 급속한 발전은, 적어도 초기 단계에서는, 박정희의 수출지향적 산업화에 필요한 재화를 생산하는 저임금 비숙련 노동의 막대한 공급에 의존했다. 이는 결국 대규모 도시화의 원동력이 됐고, 이 과정에서 상당수 이주민들이 판자촌에 정착했다. 또한 끔찍한 노동조건(시민사회의 압도적 다수가 관심을 가진 문제)에서 노예처럼 일하던 다수도 재개발이 될 빈민가에서 거주했다.

　주택 문제에서 시민사회 집단의 역할은 1980년대에 급속히 증가했고, 다양한 학생 및 종교 단체가 재개발 초기 단계에서 개입하고 있었다. 예컨대 학생들이 주도하는 사회정의 운동들 중 주거 관련 운동은 일반적으로 '빈활'('도시 빈민 활동')로 불렸다. 빈활을 통해 학생들은 빈민가에 살거나 실직해 노숙하는, 혹은 국가가 근시안적으로 발전을 밀어붙이는 과정에서 희생된 가난한 가족들을 돕고 그런 정부 정책에 맞서 조직화하는 일에서 중요한 역할을 했다.[10] 수도권 특수지역 선교위원회와 도시산업선교회 같은 종교 집단도 강제 철거민들을 옹호했다. 그들은 병원, 진료소, 학교, 교회를 짓는 일에도 참여했고 영세한 사업체들이 세금 우대 조치를 얻는 일도 도왔다.[11]

목동 재개발 사업: 저항과 정부 전술의 변화

1981년, 86아시안게임과 88서울올림픽 유치를 따낸 한국 정부는 나라의 하부구조와 주택 상황을 현대화할 유인을 갖게 됐고 그것을 유례없는 속도로 추진했다. 재개발의 대부분은 '도시 미화'라는 이름으로 수행됐고, '도시 미화'는 빈민가 철거를 뜻하는 문구로 널리 이해됐다.[12]

무수한 재개발 사업이 두 국제 스포츠 이벤트로 이어지는 수년 동안 수행되었는데, 이 연구의 범위에서 가장 유의미한 사업은 1983년 목동에서 시행됐다(이 사업은 재개발 과정이 민영화되는 변곡점을 찍었다). 이 사례를 깊이 들여다보기 전에 이 사업이 발생했던 시기와 정치 환경에 대해 간략히 언급할 필요가 있다. 다시 한 번 상기하자면 이 사업은 광주민주화운동 3년 뒤에 시작됐다. 광주민주화운동이 대대적으로 진압된 뒤 시민사회는 대개 지하로 들어갔다. 전두환 정권은 당시 상황을 총체적으로 오판해, 질서를 세우고자 이용했던 가혹한 통제들을 일부 풀기 시작했다. 대규모 스포츠 이벤트들이 빠르게 다가오면서 국제적인 관심과 감독도 늘었는데, 이는 전두환 정권이 고심해야 할 또 하나의 문제였다. 즉 전두환 행정부는 올림픽 준비, 경제발전 유지, 서울의 점증하는 중간소득 계층을 위한 주택 공급, 당의 인기 제고라는 과제에 직면했고, 우호적인 국제적 평판을 얻어야 한다는 것을 늘 인식하며 그것들을 수행해야 했다.

공공 관리 재개발 모델이라 불린 새로 설계된 재개발계획, 특히 대형 스포츠 행사를 위한 개발 과정에 속도를 붙이고자 고안된 이 계획에 따라 서울시는 도로를 정비하고 민간 건설사와 계약을 맺었다. 서울특별시청은 올림픽을 위한 세입을 마련하고자 재개발 지역들의 부동산을 팔았다. 서울시청이 처음 이 계획을 시행한 곳은 목동이었다. 목동은 서울 남서쪽, 즉 김포공항으로 연결되는 간선로 한편에 위치한 구역으로 눈에 잘 들어오면서도 잘 이용되지 않는 곳이었다.[13]

1963년, 목동은 주로 농지였고 땅의 82퍼센트가 농업에 사용되었으며 451가구, 2611명으로 인구가 적었다. 하지만 1984년 무렵에는 (목동이 3개의 세부 동으로 구획될 때) 가구가 1만 9405가구로, 인구가 8만 2610명으로 증가했다.[14] 목동 주민 가운데 다수는 1960년대 중반에 수행된 불법 정착지 정화 사업 이후 서울특별시청에 의해 그곳으로 재정착한 이들이었다. 또한 주민들은 애초에 임시변통의 집을 지을 곳으로 작은 대지를 할당받았었다.[15] 주민 다수가 엄밀히 따지면 불법으로 거주하고 있었고 토지 소유권도 없었지만, 그들은 서울특별시청에 의해 거기에 재정착했다는 점에서 사실상의 정당성과 권리가 있다고 느꼈다.[16] 조사에 따르면 주민의 38퍼센트만이 판잣집 소유주였다.[17]

재개발은 서울특별시청이 1983년 4월에 처음 발표했고, 목동 판잣집 세입자들은 2년 동안 저항했다. 이종열에 따르면 저항은 네 단계로 전개됐다. 1단계는 5개월 동안 공식 채널들을 통해 진행됐다. 즉 그 지역에서 직접 탄원을 하기도 하고 가톨릭교회와 다른 종교 단체들의 중개를 거치기도 했다. 양보를 얻어내지 못하자 주민들의 저항은 이보다 급진적인 2단계로 넘어갔다. 3개월 동안 "직접적·비제도적 행동을 위한 동원"을 개시한 것이다. 8월 11일, 1000명 이상의 시민들이 계속 진행 중인 집회에 참여했고, 목동개발사무소에 몰려들어 재개발 사업에 항의했다. 이후 이들은 서울 도심의 시청사로 향할 참이었지만 전경이 길을 가로막았다. 경찰과 싸우는 과정에서 일부 시위자들은 화염병과 돌을 던졌다. 시위를 진압하면서 경찰은 결국 참가자 500명을 체포했다.[18]

3월 11일의 시위가 진압되기는 했지만 한국교회사회선교협의회의 관심을 끌었다. 이 단체는 저명한 가톨릭, 개신교 인들이 설립한 영향력 있는 '사회 행동' 조직으로, 판잣집 소유주와 세입자 모두를 대신해 정부와 협상하려 했다.[19] 협상과 시위가 1984년 1월 내내 계속됐지만 효과는 없었다. 목동을 넘어서 움직인 시위들도 있었지만 2단계 동안 그들은 주로 재개발 지역에만 머물렀다.

3단계에서는 대중의 관심을 끌어 지지와 연대를 받고자 목동 바깥의 시위에 집중했고, 다른 반정부 활동가도 함께하고 그들의 대의를 위해서도 싸웠다. 그렇게 15개월 넘게 시위들, 대개 폭력적인 시위들이 시청, 도심에 위치한 명동성당, 이화여대, 연세대, 서울대 같은 명문 대학에서 자주 열렸다. 마지막 단계는 5주간 진행된 격렬한

시위였다.[20]

86아시안게임이 빠르게 다가오면서 전면적인 반철거, 반정부 시위들의 규모가 커지고 국제적인 관심과 언론 보도도 증가하자, 1986년 3월 정부는 결국 항복하고 판잣집 소유주와 세입자 모두에게 임대아파트 입주권과 보상금을 지급했다.[21] 그런데 목동 사업의 주요 의미는 단순히 판잣집 주민들에게 권리를 인정했다는 것에 그치지 않는다. 그것이 정부가 선두에 선 마지막 주요 사업을 대표한다는 점에서 더 큰 의미를 지닌다.

목동에서 시행된 공공 관리 재개발 모델을 대신해 공동 재개발 사업 체계가 개발됐다. 이 계획에서는 재개발 과정이 사실상 민영화됐다. 진행 과정은 다음과 같다. 재개발 조합, 즉 재개발에 찬성하는 소유주가 적어도 3분의 2가 가입한 집단이 조직된다. 조합이 건설사를 선택한다. 건설사는 주택 소유주에게 현금, 새로운 주택에 대한 구매권이나 임대권, 혹은 그것들을 혼합한 형태 등 보상을 제공하는 일, 이뿐 아니라 반드시 퇴거하게 하는 일(사실상 주택 소유주의 의무)도 맡았다. 재개발 이후 남은 이익이 얼마든 그것은 회사로 돌아간다. 이 계획에서 세입자는 보상이 보장되지 않는다.[22]

이 시스템은 효과적이었다. 아시아 주거권 연합the Asian Coalition for Housing Rights이 수행한 진상 조사 보고서에 따르면 1983년과 88올림픽 사이에, 72만 명에게 살 곳을 제공하던 건물 4만 8000채가 파괴된 것으로 추산된다.[23] 같은 연구보고서에 따르면 1982년과 1988년 사이, 250

곳이 '재개발 지역'으로 지정됐고 이 연구보고서가 작성된 1989년 무렵까지 100곳에서 재개발이 시행됐다. 서로 다른 연구들의 통계에 근소한 차이가 있기는 하지만, 올림픽이 치러질 때까지 대규모의 폭력적인 이행을 겪었다는 사실은 분명하다.

공동 재개발 사업은 중요한 일들을 했다. 첫째, 전에는 제한했던, 판잣집 소유주로 인정된 이들의 수를 확대했고 그에 따라 기존의 소유주와 세입자 사이의 연대가 깨졌다. 결국 잠재적 저항 수준을 일부분 효과적으로 감소시켰다. 둘째, 더 중요한 것으로, 이전까지 정부에 지워졌던 재정적 부담을 없앴다. 정부는 재정적 부담이 사라졌을 뿐만 아니라 재산세도 더 걷게 됐고, 그와 동시에 당시 1970년대 오일 위기의 여파로 인한 해외 건설의 감소로 큰 타격을 입었던 국내 사업의 시장을 확대할 수 있었다.[24] 셋째, 정부의 역할을, 단지 그 과정을 간접적으로 관리하고 사용되지 않는 국유지를 판매하는 역할로 축소했다. 시 관리들은 강제 퇴거와 같은 좋은 소리 들을 게 없는 조치들을 직접 수행하지 않게 됐다.[25] 이 마지막 부분에 대해 도시빈민연구소의 김형국은 이렇게 지적한다. "정부는 [최소의 재정 지원을 하는 것 외에도-원문] 주민과의 불화라는 정치적 비용을 최소화할 수 있었는데, 새로운 계획에서는 그 갈등이 조합과 주민 사이의 것이었기 때문이다."[26] 이 점을 강조하는 데이비스는 이렇게 평했다. 그 과정의 민영화는 "기존 주민을 내쫓는 일에 용역과 범죄 집단을 고용하는 민간 철거 회사를 초법적으로 사용하는 관행의 길의 터줬다".[27]

정부가 재개발을 밀어붙이는 과정에서 경찰을 대신한 용역들이 비공식적인 하수인이 되었다는 것은 사실상 부인할 수 없다. 수백의 세입자 활동가들이 정부 당국에 구금, 체포, 괴롭힘을 당해왔다. 건설사나 그들이 고용한 폭력 전문 집단이 그런 대우를 당했다는 사례는 매우 드물다. 앞서 인용한 아시아 주거권 연합 보고서도 이 사실을 언급하는데, 주요 행위자들이 민간 주택 소유자와 건설사이기에 지역 및 중앙 정부 모두 직접적인 책임을 부인할 수 있게 된다고 지적했다. 더욱이 한국의 재개발 사업들을 둘러싼 폭력은 UN이 후원하는 국제주거연맹Habitat International Coalition도 규탄한 바 있다. 국제주거연맹은 1991년에 한국의 주택 정책이 남아프리카의 폭력적이고 야만적인 흑인 거주 지역 체계에 버금간다고 지적했다.[28]

주택 소유주와 세입자에 대한 보상 수준 및 보호와 관련한 여러 법 및 기타 조치들이 1987년 민주적인 대선 직선제 시행 전후에 시행, 개정되었지만 공동 재개발 사업의 재개발 방법들, 이를테면 강제 철거에 용역회사를 쓰는 것 등은 1983년에 그 방법들이 설계된 이후로 사실상 그대로 유지돼왔다. 2013년 현재 강제 철거에 이용되는 방법들은 불법이지만, 그럼에도 그런 관행은 민주주의의 공고화와 무관하게 계속되고 있다.[29] 이를 강조하고자 나는 최근 두 사업, 2009년 용산 재개발 사업과 2011년 인사동 불법 노점상 철거 사업에 집중한다.

용산 재개발 사업

정부가 주도한 도시 미화와 현대화 정책인 '뉴타운 사업'의 일환으로 서울의 용산 4구역은 국제적인 부도심 지구, 즉 용산국제사업지구로 재개발될 예정이었다.[30] 한강 북단에 위치하고 주한미군 용산기지에 인접한 이 지역은 홍등가, 청루주사, 불법 노점상, 각종 위조품을 다루는 구멍가게 등으로 유명했으며, 수많은 주한미군, 외국인뿐 아니라 한국인들도 이곳을 자주 찾았다.

2007년, 이 지역의 부동산 소유주 300명으로 구성된 공동재개발 조합이 형성된 후 삼성물산, 포스코건설이 관리 시공 업체로 선정됐다. 이 사업에는 2017년 완공 예정인 100층짜리 랜드마크, 64층 다목적 빌딩들, 기타 쇼핑센터들과 주거형 오피스들, 도시 공원 등의 건설이 포함된다. 오래돼 허물어져 가는 건물들의 철거와 착공이 2009년 2월에 시작될 예정이었으나 과거 유사한 재개발 사업들처럼 세입자들의 저항으로 늦어지고 있었다.[31]

'용산 참사'로 널리 알려진, 시위자 다섯 명과 경찰관 한 명이 사망하고 23명이 부상을 입은 사건은 2009년 1월 20일에 발생했다.[32] 그런데 1월 20일 이전의 상황은 어떠했을까? 철거에 관계된 용역들은 낮은 보상금과 모호하게 규정된 세입자의 권리에 완강히 저항하며 퇴거를 거부한 상가 세입자들을 몇 달간 폭력적인 방법을 동원해 괴롭혀왔다. 나는 용산재개발사업과 관련 있는 전 세입자에게서 이런 방법들과 문제들에 대해 설명을 들었다. 철거 예정인 건물에서 작은 술집을 운영했던 이 세입자는 보상금이 불공평한 수준이라고 보았고, 보상금을 거부한 뒤 용역들이 술집에 나타나기 시작했다고 말했다. 그들은 (보통 4명) 가게가 문을 열자마자 와서 맥주나 소주를 한 병 시키고 ("법을 위반하지 않기 위해서"다) 손님들을 접주었는데, 무서워서 들어오지 못할 정도로, 이미 온 손님이라면 바로 나가게 할 정도였다. 방화, 창문 깨기, 가게 앞 길 막기, 죽은 고양이나 기타 동물 사체를 (악취가 나도록) 환풍구에 던져 넣기, 성희롱 같은 다른 방법들도 비일비재했다. 구청과 경찰에 도움을 청했지만 증거가 필요하다고 했고, CCTV 영상을 제출했지만 어떤 조치도 없었다. 그녀는 "경찰이나 용역이나 다를 바 없어요. 같은 사람들을 위해 일하니까요"라고까지 말했다.[33] 용산 사건의 다른 희생자들뿐 아니라 다른 재개발사업과 관련된 이들도 동일한 경험을 이야기했다. 당시 이명박이 이끌던 여당과 긴밀한 관계를 맺고 있는 저명한 미디어 그룹에서 일하는 기자는 그런 일은 너무도 흔해서 주류 언론은 극단적인 사건인 경우에만 보도한다고 말했다. 그녀는 이렇게 말했다. "사람들은 그런 건 듣고 싶어 하지 않아요." 그녀는 서울 시민 대다수가 도시 전역의 재개발 사업으로 이익을 보고 또 사람들 대부분이 그런 시위자들을 몹시 호전적이고 탐욕적으로 본다고 설명했다.[34] 연줄이 닿는 경찰들에게 이 사건에 대해 묻자 그들은 설사 자신들이 그에 관해 무언가를 하려 했더라도 상관이나 검찰이 도와주지 않았을 것이라고 말했다. 그들의 설명에 따르면 용산 사건이 크게 보도된 이유는 시위를 벌인 상인들과 그들을 퇴거시키는 책임을 맡은 이들 사이에 벌어진 폭력이 너무도 커서 경찰이 개입해야 했기 때문이다.[35] 다른 사건들과 마찬가지로, 강제 철거를 실시한 이들이 아니라 이에 저항한 시위자들이 사법제도의 폭력을 감당해야 했다. 2010년 6월 1일, 서울고등법원은 시위자 9명에게 경찰관 한 명을 살해하고 인근 시민들에게 부상을 입힌 혐의로 4년에서 5년형을 선고했다. 그러나 과도한 무력 사용으로 기소된 경찰관 15명은 무죄 선고를 받았다.[36]

용산 참사는 한 가지 이유에서 대다수의 사건과는 분명히 다르다. 시위자들은 경찰이 개입해야 하는 수준에 이르기까지 민간 폭력의 맹공격을 사실상 견뎌낼 수 있었다. 그런데 국가가 시위를 평정하고자 공적 자원들을 이용했다는 것이 이 책의 기본 가설을 손상하지는 않는다. 사실 국가는 철저히 분권화된 폭력은 가지고 있지 않고, 우리도 그렇게 생각해서는 안 된다. 거듭 말하자면 이 연구의 종속변수는 무력 시장에서 국가와 비국가 간에 행해지는 협력이다. 2009년 1월 20일, 정부가 경찰을 통해 개입했다는 것이 그런 협력이 없었다는 것을 뜻하지는 않는다. 외려 민간 용역들은 수개월 동안 용산의 거주자들에게 초법적 폭력을 행사하고 있었다. 그러나 거주자들은 그런 조치들을 견뎌냈고, 갈등은 깊어졌다. 즉 만약 국가가 개입하지 **않았다**면 시민들이 질서를 세우는 국가의 능력에 대해, 정당성에 대해 의심할 수 있을 정도로 갈등이 심화됐을 것이다. 경찰과 정부가 가혹한 탄압에 대해 비난의 포화를 맞고 강도 높은 조사를 받았지만, 사람들의 관심은 여전히 경찰이 개입한 단 하루에만 집중되어 있다. 국가가 개입한 데 대한 엄청난 정치적 반격에 직면했고 결국 용산 참사의 주민과 피해자 들에 대한 태도를 누그러뜨려야만 했다는 것은 사실 내 주장을 뒷받침한다. 그런 양보와 정치적 반격이 국가가 개입하지 않는 상황에서는 좀처럼 일어나지 않는다는 것은 어떤 집단이 진압을 하는가가 매우 중요하다는 주장에 신빙성을 부여한다. 더욱이 용산 사건은 언론도 시민사회도 많은 관심을 보였지만(시위와 농성이 이어졌고, 심지어 유명한 다큐멘터리도 두 편이 나왔다), 경찰이 개입할 필요가 없었던 대다수의 사건의 피해자들에게는 그런 관심이 돌아가지 않았다.

인사동 노점상 철거

민간 경비 집단들은 앞서 약술한 재개발 사업들에서처럼 노점상 철거와 기타 유사한 조치에서도 흔히 이용되고 있는데, 여기에는 국가의 외주화 결정에 영향을 미치는 일련의 공통적인 근거들이 있다. 재개발 사업에 그런 집단을 사용하는 것과 노점상 철거에 그런 집단을 사용하는 것의 유일한 차이는 후자의 계약은 구청과 '철거' 회사 사이에서 직접 이루어진다는 것뿐이다.

한국의 비공식 경제의 가장 큰 부분을 차지하는 노점상은 사실상 이런 저런 규모로 나라 곳곳에 존재한다. 노점상의 대다수가 공인을 받지 않고 영업하기 때문에 그 수를 정확히 파악하는 것은 불가능하다. 그렇지만 2005년의 한 연구는 그런 노점상이 서울에만 약 80만 개 있다고 추산했다.[37] 역사적으로 국가는 노점상이 비공식적 경제활동인데도 그것을 용인해왔다. 그런 행위자들에 대한 첫 일제 단속은 1986년이라는 늦은 시기에 있었는데 아시안게임과 올림픽을 준비하면서 서울 전역에서 시행된 다른 '미화' 및 개발 사업과 더불어 시작된 것이었다.

유사한 일제 단속들이 2002월드컵 공동 주최 준비 기간에도 있었다.[38] 앞서 서술한 이명박 대통령의 '뉴타운 사업'의 일환으로 서울 곳곳이 그런 '미화' 사업 대상으로 선정됐다. 그중 하나가 서울 도심 종로구에 위치한 유명한 역사 관광 지구 인사동이었다. 경찰과 그곳 점주들의 표현에 따르면 노점상들은 골칫거리다. 점주들은 특히 자신들은 높은 임대료와 세금을 내는 데 반해 불법 노점상들은 임대료는 물론 세금도 내지 않는 것에 불만을 품고 있었다. 심지어 노점에서 상가에서 파는 물건과 같거나 비슷한 상품을 더 싸게 파는 경우도 흔했다. 경찰은 노점상들 탓에 거리와 보도가 번잡해지고 위험해진다고 주장했다.[39]

내가 인터뷰한 노점상들의 주요 주장은 이 구역의 노점은 그 자체가 오랜 시간 동안 만들어진 하나의 제도라는 것이었다. 이 구역이 생겼을 때부터 노점상들이 있었고 좌판이 부모에게서 자식에게 로 물려 내려왔다고 주장했다. 대부분의 노점상에게 이런 영세한 장 사는 유일한 수입원이다. 그들은 자신들이 하는 일이 불법이라는 것 을 거리낌 없이 인정하면서도 그게 먹고살 수 있는 유일한 방법이라 고 주장한다. 구청에서는 지정된 장소로 노점을 옮길 것을 제안했지 만, 노점상들은 그런 장소는 관광객이 잘 오지 않는 곳이고 작년에 다른 장소로 옮긴 이들의 경우 매출이 급감했다고 주장했다. 또한 종로구청이 노점상들에게 재정 지원을 약속했지만 실제로는 지급하 지 않았다고 토로했다. 이런 조건들 때문에, 한 응답자에 따르면, "그 사람들은 나은 조건을 받을 때까지 싸울 각오를 했었다". 그들은 원래 자리에 계속 머물게 허락을 해준다면 세금도 낼 준비를 충분히 하고 있다고 설명했다.[40] 이는 지역의 정보원들도 확인해준 내용이 다. 그러나 구청은 완강히 거부했다.

종로구청이 2009년에 노점상을 내쫓겠다고 발표한 이래로 노점 상들의 반발과 저항이 빈번했다. 그때부터 2011년 5월까지 크고 작 은 말다툼이 30건 넘게 있었고, 대개는 물리적 폭력으로 이어졌다.[41] 같은 해 5월 24일과 25일, 나는 그런 저항 2건, 그리고 그 과정에서 노점상을 "청소하듯 쓸어버리는 것"을 목격할 수 있었다.[42] 그런 저 항이 일어나기 전 나는 종로구 노점상협회 회원에게서 구청이 그날 행동에 나선다는 연락을 받았다. 곧장 인사동으로 향했다. 도로 양 편에 진압 장비를 갖춘 경찰이 보였고 도로는 주민과 관광객으로 북

새통을 이뤘다. 구급차 두 대도 700미터쯤 되는 도로의 양 입구에서 대기했다. 빨간 띠를 머리에 둘러 쉽게 알아볼 수 있는 노점상들도 철거되지 않기 위해 가판대를 쇠사슬로 고정하는 등 조직적인 태세를 갖추고 준비하고 있었다. 그리고 용역들이 도착했다. 신원을 드러내는 노란 조끼를 입은 젊은 남녀였는데, 나중에 들은 바로는 150명 규모였다고 한다. 한 상점주의 표현을 빌리면 "거리의 청소부"가 노점을 하나하나 돌며 가판대를 부수고 물건들을 가져갔으며, 노점상들이 대항하는 경우에는 남녀노소 가릴 것 없이 때렸다. 경찰은 그저 지켜보기만 했고 관심이 없는 듯 보였다. 연세가 지긋해 보이는 한 노점상이 고위 경찰관으로 보이는 이에게 다가갔다. 얼굴에 피가 흐르는 채로 그녀는 왜 자신들을 보호하지 않는지 물으며 이렇게 말했다. "우리도 시민이에요." 경찰관은 무시했다. 그날 노점상 두 명이 중상을 입고 병원에 실려 갔다. 나와 대중이 지켜보지 않을 때 그들이 겪는 폭력에 견주면 새로울 것도 없는 것이었지만, 내가 그날을 비롯해 여러 날 목격한 폭력은 충격적이고 심란한 것이었다. 인사동에서 유사한 조치들이 몇 달간 불규칙하게 취해졌고, 2011년 8월 현재, 원래 운영 중이던 노점상 76명 중 16명만이 지정된 장소로 이동하는 것에 동의했다. 남아 있는 노점상은 계속 괴롭힘을 당하고 있다. 중요한 것은 노점상과 경찰의 충돌이 언론에 널리 보도되지만 언론은 거의 대부분 노점상을 너무 투쟁적인 존재로 그린다는 것이다. 더욱이 첫날, 그러니까 24일, 앞서 언급한 전경은 크게 눈에 띄는 존재였다. 그러나 이날 언론은 보도를 하지 않았다. 그런데 다음 날에는 언론들이 카메라를 가지고 준비했다. 그날의 사건들은 황금 시간대에 보도됐다. 그런데 24일과 25일의 차이는 25일에는 제복을 입은 경찰이 아주 적었다는 것이다.[43]

나는 종로구청 관리들과 인터뷰하지 못했지만 전현직 경찰관들과 인터뷰하면서 경찰이 아닌 민간 경비를 쓰는 이유를 들었다. 그들의 설명에 따르면 경찰은 폭력이 걷잡을 수 없을 수준에 이르지 않도록, 상점들로 번지거나 노점상 주변 사람들이 다치지 않도록 하기 위해 거기에 있었다. 노점상들이 사실 법을 위반했지만, 체포영장을 발부하고 소환장을 보내는 계획은 이전에도 지나치게 많았고 실패했다는 점에서 비생산적이었다. 용역회사를 이용하는 일이 사실 더 효율적이고 사회적으로 더 용인되는 쪽이었다.[44] 같은 인터뷰에서 한 경찰관은 이렇게 설명했다. 과거에는 경찰이 "깡패"였고 그들이 하는 위협이 훨씬 확실히 먹혔지만 민주화 이후에는 권위주의 시대에 쓴 방법들을 더는 쓸 수 없게 되었다는 것이다. 서울시민들은 과거에 자신들이 원했던 것(개발과 향상)을 지금도 원했지만 그것들에 필요한 방법들은 이해하거나 용납하지 않았다. 민간 회사를 사용하게 되면서 경찰의 잔혹성에 대한 고발을 피하면서도 일을 처리할 수 있게 됐다.[45]

결론

재개발 사업과 도시 미화 사업의 강제 철거에 대한 역사적 분석을 살펴보면, 1960년대 초반과 1984년 사이의 명확한 구분을 확인할 수 있다. 박정희는 분명 강제의 공적 자원을 사용하는 것을 선호했다. 전두환도 그런 선호를 보이다가 1984년부터는 시장의 자원을 사용하기 시작했다. 전두환은 왜 그렇게 방향을 바꾸었을까? 전두환이 경제성장을 유지해야 했다는 것은 자명하다. 이런 정당화 요인이 한국 정치인들, 권위주의적 정치인이든 다른 성향의 정치이든, 특유의 것은 아니다. 시장이 국가의 경제적 부담을 덜어준 것은 말할 것도 없고 재개발의 효율적인 방법을 제공했다는 주장이 가능하다. 이는 타당한 설명이다. 국가는 대규모 재개발을 실행하고 주택 공급을 늘려야 했는데, 국제 스포츠 행사도 다가오고 있었고 또 서울이 급속히 발전하고 있었던 데다, 특히 중산층 인구가 증가하고 있었기 때문이다. 이런 주장은 설명력이 있지만 이 주장만으로는 충분하지 못하다. 우리는 그런 사업의 건설, 계획, 재정 조달이 민영화되었을 뿐 아니라 그것의 강제적 양상도 심화되었음을 떠올려야 한다. 강제 철거를 민영화함으로써 국가는 (순전히 협박과 폭력으로) 재개발업자, 세입자와 소유주, 그리고 강제로 내쫓기는 이들 사이에 갈등을 효과적으로 만들어냈다.

여전히 이 질문은 남아 있다. 왜 사회는 그런 폭력적 관행을 '허용'하는 국가를 처벌하지 않는가? 민간 회사가 재개발을 수행하지만 그럼에도 국가는 자신이 공포한, 폭력을 막는 바로 그 법을 집행하는 책임이 있다. 강제 퇴거의 경우 재개발사와 민간 경비 집단 사이의 직접적인 공식 계약으로 정부는 강제 퇴거에서 손을 뗄 수 있고 그럴듯한 '면책권'을 얻게 되지만, 정부의 '모른다'는 주장은 노점상 강제 퇴거 사례를 생각할 때 이치에 맞지 않는다. 그런 사례들에서 계약은 구청(즉 '국가')와 퇴거를 담당한 용역들 사이에서 공식적으로 이루어진다. 이 사실은 잘 알려져 있지만 시민사회, 더 중요하게는 중산층은 대개 양가적인 태도를 취한다. 그에 대한 짧은 답변을 하자면, 역사가 중요하다는 것이다. 경찰의 직접적 개입은 옛 한국을 상기시킨다. 달리 말해 어떤 한 사건에 대한 상대적 관심 수준은 그것의 정치화 수준과 상관관계가 있다. 결국 경찰의 직접적 개입은 정치화를 배가한다. 용산과 인사동 사례에서 나타난 사회의 상이한 반응들이 그 증거다. 다음 단락에서는 노동 억압 사례를 다루고 그 주장을 뒷받침하는 경험적 증거를 추가로 제시한다.

7장

노동 억압의 정치

: 한국노총, 구사대에서 컨택터스까지

일반적으로 노동 이슈는 배경, 분과, 접근법이 상이한 여러 사회과학자들의 관심을 오랫동안 끌어왔다. 한국의 노동 이슈도 예외가 아닌데, 특히 한국의 급속한 경제 "기적"을 연구하는 학문에서는 더 그러하다. 이전 장들에서 이미 설명했듯이 박정희는 쿠데타 후 권력을 잡을 때 경제를 성장시키고 질서를 바로잡겠다고 맹세했다. 박정희는 먼저 과거에 채택했던 수입대체산업화 전략에서 노동집약 수출지향산업화로 전환했다(1961~1972). 이승만 시기의 경제 구조를 많이 바꿨던 것이다.[1] 이런 수출지향산업화로 놀랄 만한 성장을 이루었지만 1960년대 말에는 우려스러운 경제적 조건들 중에서도 인플레이션과 임금 상승이 중첩되어 국민총생산이 하락하기 시작했다. 경제 쇠퇴(그리고 그에 따른 정당성의 위기)와 더불어 박정희 정권은 빈약한 경제 성과를 이용하려는 야당에 점점 도전을 받고 있었다.[2] 박정희는 유신헌법을 시행하고 중화학공업을 '강력히 밀어붙여' 경제적·정치적 도전들을 돌파할 수 있었다(1973~1979).[3] '한국주식회사'를 만들어내는 과정에서 소수의 재벌이 경제를 지배했고, 상위 50개 기업이 1978년 국내총생산의 43퍼센트를 차지했다(이로 인해 재벌은 국가와의 관계에서 훨씬 큰 협상력을 가지게 됐다).[4] 임금도 다시 오르기 시작해 한국 기업의 국제 경쟁력도 위협을 받았다. 그에 따라서 1981년과 1985년 사이, 전두환은 경제 재구조화와 경제 안정화 정책 시행에 집중했다.[5]

이 단락에서 위와 같은 논의가 중요한 이유는 무엇인가? 앞서 서술한 대체로 성공적인 정책들은 강력한 정부와 기업의 관계뿐 아니라 엄격한 노동 통제에 의해서도 결정되었다.[6] 국가가 노동 관련 성장을 이끄는 특정한 요소들(예컨대 임금 통제)을 얼마나 효율적으로 계획하고 유지했는가에 대한 논쟁이 있지만, 국가가 그것을 최우선 과제로 삼아 시행했다는 것은 분명하다.

이 장에서는 한국이 1961년부터 노동자의 집단행동과 시위라는 도전을 어떻게 다루어왔는지 그 방법들을 추적한다. 산업화가 1960년대 초에 시작해 1980년대 중반에 이를 때까지 노동 억압은 국가의 일이었다. 그러나 1987년, 그러니까 민주화 운동과 노동자대투쟁(1987~1989)이 한창 전개되던 동안 (흔히 폭력으로 얼룩진) 파업 진압은 대개 민영화되었고 현재까지도 그러하다. 물론 강제 철거에서 국가가 완전히 물러서지는 않았지만 말이다. 그러나 국가는 노사분규 관리에서 자신의 직접적 역할을 과감하게 최소화했다. 따라서 이 논의의 목적은 노사분규 및 파업 진압 사례에서도 국가가 민간 무력 시장으로 향했는가를 설명하는 것이다.

노동 통제

1960년부터 1980년대까지 노동자 집단이 '국가'에 대한 관계에서 약자의 위치였다는 것은 분명하다. 국가는 노동자를 반드시 통제하고 '건방진' 집단행동을 막고자 여러 공적·사적 방법을 이용하고 지원했다. 이를테면 사법제도, 경영진, 모든 합법 노조에 대한 독점적 통제권, 경찰, 중앙정보부 등이 그 방법이었고, 결국 1980년대 초에는 '회사 사람'(예컨대 구사대)이나 민간 자원인 '용역 회사'에 속한 용역들을 이용하기도 했다.[7]

2장에서 강조했듯이 법원부터 일반 경찰에 이르기까지 사법제도는 1990년대 전후에 개혁이 시작될 때까지 사실상 정권에 중립적이지 못했다. 국가는 그런 행위자들의 기원과 생존의 거의 모든 양상을 통제했다. 그런 점에서 놀랄 것도 없이 그들은 국가의 이익을 집행하는 데 필요한 도구였다.

1963년 초, 노동자들은 사실 노조 설립이 허용됐다. 노동부에 공식 허가를 신청해야 했지만 말이다. 그리고 그들은 승인이 있어야만 회사와 협상을 시작할 수 있었다. 단체교섭이 허락됐지만 협상이 결렬되면 노조는 노동위원회가 중재자로 개입할 수 있는 '냉각기간'에 들어가야 했다. 냉각기간 이후에도 협상에 이르지 못하면 노조는 파업 '허가'를 받을 수도 있었다. 그러나 십중팔구 정부는 중재에 들어가 국가 안보에 위험이 된다고 선언하고 합의를 강제했다.[8]

박정희는 1970년 외국인투자기업의 노동조합 및 노동쟁의조정에 관한 임시특례법을 만들었다. 이로써 거의 대부분의 노조 활동이 불법이 됐다.[9] 게다가 1973년에는 긴급조치로 모든 파업이 불법이 됐다.[10] 1981년까지 법적 상황이 그러했는데, 전두환은 긴급조치를 해제했지만 노조 결성을 더 어렵게 하는 법들을 만들었다. 예컨대 노조 인가 신청을 하는 데도 노동자 최소 30명 혹은 전 직원의 20퍼센트의 동의가 필요하다는 단서가 생겼다. 또 전두환 정권은 협상에 제삼자가 개입하는 것을 불법으로 만들었고, 단체교섭의 주체는 지역 노조와 회사로 제한됐다.[11] 게다가 법적으로 회사 하나에 노조 하나만 허락됐다.[12]

법은 차치하더라도 관리자들은 앞장서서 노동자들을 통제했다. 관리자들은 매일매일의 활동을 감독했고, 의심스러운 직원들에 대한 정보를 수집했으며, 그들을 정리해고 혹은 즉석에서 해고할 수 있었고, 또 '교육'하거나 설득해 수하에 둘 수 있었다. 그렇게 관리자들은 노조와 긴밀히 관계했고 노조를 노동자를 통제하는 데 이용했다. 복수노조는 허락되지 않았기 때문에 회사는 노조 대표를 은밀히

직접 골랐다. 다른 노동자들이 새로운 노조를 만들려 해도 복수노조 금지로 승인을 받지 못했다.[13]

우파 노동단체들도 좌파 노동단체들의 출현과 활동을 통제하는 수단이었다. 식민지가 종식된 뒤 탄생하고 미군정이 후원한 우파들은 1946년에 한국노동조합총연맹(한국노총)의 전신인 대한독립촉성노동총연맹을 만들었다. 구해근에 따르면 한국노총의 주요 목표는 노동자의 권리를 촉진하는 것일 뿐 아니라 좌파 노조의 형성과 활동을 강력히 탄압하는 것이기도 했다. 오글은 중앙정보부가 한국노총을 '품 안에 두어' 그 지도부를 임명할 수 있었다고도 설명한다. 한국노총을 통해서 중앙정보부는 다른 전국 규모의 특정 산업 노조들을 통제할 수 있었고 그에 따라 개별 기업 내의 지역 노조들에 대한 통제권도 누릴 수 있었다.[14] 중앙정보부는 흔히 가장 앞장서서 수사, 협박, 고문을 수행했다.[15]

앞서 이야기한 겹겹의 통제 외에도 경찰은 노동 통제에서 직접적 역할을 했다. 예컨대 산업 지역에 위치한 모든 관할 서에는 노동 문제를 담당하는 사무실이 있었다. 관리자들은 의심이 가는 노동자나 허가되지 않은 노조 활동들을 경찰에 신고했고, 경찰은 중정 혹은 검찰의 비호를 받으며 수사를 진행했다. 1980년대 말까지는 태업이나 파업이 발생하면 경찰이 주로 진압에 나섰다. 경찰에는 백골단으로 불리는, 유단자들로 구성된 특수기동대가 있었는데, 패드를 넣은 (이름표 없는) 검은 옷에 하얀 헬멧을 써서 그렇게 불렸다.[16]

마지막으로 구사대로 불리는 반노조 '회사 사람' 집단들은 1980 년대 말 대규모 파업에 대응하고자 현장에 나타났다. 회사가 순전히 노동자를 억압할 목적으로 훈련된 전문 집단들이나 용역을 고용했 다는 설명들이 있지만 실제로 대부분은 사내 직원이었다. 그렇긴 하 지만 한국 사회의 남성 대다수는 교련을 적어도 조금이라도 받은 바 있다.[17] 조직적 구사대의 첫 사례는 현대 재벌에서 찾을 수 있다. 현 대의 설립자 정주영은 1987년 노동자들의 불만이 치솟은 상황에서 해병대 출신 직원들에게 노조의 폭동이 공산주의자들이 작당한 것 이라고 선언하고는 "현대의 노동조합을 물리쳐 다시 한 번 조국을 지키라"고 호소했다고 한다.[18]

구사대가 개시된 소용돌이의 시기에 용역회사(와 다른 민간 경비 회사)도 활동을 시작했다.[19] 1987년 이전에 민간 경비 회사가 개입한 사례들도 있지만 1984년과 그들이 노동 억압에 참여하게 된 시기 사 이에 그들은 주로 앞 단락에서 논의한 강제 철거에 개입했다.[20]

시민사회의 역할

1960년대의 노조 가입 노동자가 1970년대보다 훨씬 적은 것은 아니 지만(1965년은 11.2퍼센트, 1970년은 12.4퍼센트이다), 1960년대 말에 이 를 무렵에는 변동하는 경제, 대량 정리해고, 열악하고 견딜 수 없는 노동조건에 국한되지 않는 여러 요인들이 자발적인 비조직화된 시위들을 급증시켰다.[21] 그러나 당시(1960년대와 1970년대 초)의 노동운동은 기본적으로 경제와 복지 문제들에 집중해서 박정희 정권의 정치적 정당성에 도전이 되지 못했다.[22] 그런데 한 사람의 극적인 행동이 있었고, 그에 관한 이야기가 널리 다뤄지고 쓰이면서 시민사회의 의식의 최전선에는 인권과 노동자들의 곤경이 자리하게 됐다.[23]

1970년 11월, 봉제 공장의 젊은 노동자 전태일이 그런 참을 수 없는 조건과 노동 개혁을 요구하는 외침을 억압하는 완강한 정부 세력에 저항하는 시위 도중에 자신의 몸에 불을 붙였다. 전태일은 몸에 불이 붙은 채, 근로기준법을 서술한 책자를 꼭 쥐고 이렇게 외쳤다. "일요일엔 쉬게 하라!" "근로기준법을 준수하라!" "우리는 기계가 아니다!"[24] 전태일은 불에 타 사망했지만 그의 저항은 '각성한' 지식인, 학생, 교회 지도자들이 한국 사회에서 늘어가던 노동자의 대열에 가담하는 힘이 된다.[25]

앞서 논의했듯이 1970년대에 기독교 단체들은 노동운동에 적극 개입하기 시작했고 조직화된 노동자들의 야학을 도왔다. 또한 토론과 기타 계급의식을 불러일으키고 촉진하는 활동들도 고무했다. 이즈음 학생들도 1970년대에 노동 문제에 개입하기 시작했다.[26] 유신 헌법의 시행도 시민사회의 활동을 고무했고 노동 이슈를 야기했으며 기독교 단체, 지식인, 학생들을 모두 대규모 반정부 활동으로 끌어들였다.

1979년 박정희 암살 이후 노동자들의 적극적 활동이 급격히 늘어났다. 새로운 노조들은 조직적이었고 강화되었으며 많은 노동쟁의를 일으켰는데, 1980년대의 첫 다섯 달 동안의 쟁의가 유신시대 전체 기간(쟁의가 900건이었다)보다도 많았다.[27] 다음해 노동쟁의는 186건으로 줄었고, 1982년에는 88건뿐이었다.[28] 노동에 대한 강력 탄압이 한창 진행되는 가운데 광주 학살이 이루어졌고 삼청교육대와 같은 악명 높은 재교육 캠프와 기타 사회적 '정화'가 시행됐다.

전두환이 다양한 정치적 통제들을 완화하자 노조와 노동쟁의들이 부활했다. 경제기획원에 따르면 1984년에 쟁의가 113건, 1985년에는 265건, 1986년에는 276건 있었다.[29] 민주적 선거로 나아간 6·29 선언 이후 노조의 수가 급격히 늘어났다. 전해보다 1048개 더 많이 만들어졌던 것이다. 더욱이 7월과 8월에는 노동자대투쟁을 예고하는 3337건의 파업이 기록되었고, 결국 국가는 민간 폭력 시장으로 향하게 되었다.[30]

권위주의 시기에 중산층은 초기의 노동운동을 지지했다. 그러나 노동운동이 점점 더 투쟁적이 되고 노동쟁의도 증가하면서 둘은 분열됐다. 민주적 선거 획득이 대개 중산층을 달랬지만 정권의 선언에는 노동이라는 사회경제적 관심사는 포함되지 않았다. 민주적 선거 이후에도 투쟁적이고 폭력적인 노동 관련 충돌이 계속되자 노동에 대한 부정적 이미지가 생겨났고, 중산층은 노동운동이 '도덕적 권위'를 잃었다고 생각하기 시작했다.[31] 더욱이 경제적 또는 정치적 안정성에 대한 실재적이거나 인식된 위협들, 이를테면 친정부 언론이 잦은 노동쟁의의 결과라면서 쉽게 제시할 수 있는 사건들을 접하게 되면서 노동에 대한 중산층의 인식은 눈에 띄게 달라졌다.[32]

중요한 것은 노동쟁의, 그리고 그에 상응하는 노동의 전투성이 증가하고 있었지만 앞서 설명했듯이 중산층은 대개 정치적 자유화로 흩어졌다는 것이다. 그러나 핵심적인 시민사회 집단 하나가 1989년에 출현했다. 교육 수준이 높은 엘리트(예컨대 학자, 종교 지도자, 기자, 의사, 법률가 등)로 구성된 경제정의실천시민연합(경실련)은 그 이름이 함의하듯 소득재분배, 부동산 투기, 부적절한 조세 및 금융 체계, 그뿐 아니라 농업, 환경, 노동 이슈 같은 경제적 이슈에 집중했다. 500명으로 시작한 경실련의 참여인원은 1993년에는 7000명으로 폭발적으로 증가했다. 경실련은 초창기부터 '비정치적' 사회 변화 및 옹호를 위한 평화적·비폭력적 수단에 전념한다고 말했다. 다른 시민사회 집단들도 출현했지만 경실련은 비폭력적 수단을 지지하는 시민사회 집단의 새로운 물결을 나타냈다.[33] 더욱이 중산층이 공공연한 전투성을, 그것이 정치 활동가의 것이든 정부의 것이든, 용인하지 않는다는 것은 분명했다. 요컨대 1987년 대통령 직선제 이후 정치적 환경에는 극명히 달라진 점이 있었다. 이런 정치적 변동의 주목할 만한 함의들은 앞으로 논의할 노동 억압에 관한 변화된 전술들에서 찾아볼 수 있다.

권위주의 시기 이후의 노동 억압: 1987년부터 현재까지

앞서 서술했듯이 민주적 선거를 약속한 노태우의 성명은 시민사회의 저항과 혼란의 대부분을 잠재웠고, (더 중요하게는) 중산층을 흩어지게 했다. 그런데 이 성명은 또한 노동자들이 대규모로 조직화할 기회를 주었다. 1987년 7월 6일, 노태우의 선언 후 두 주가 되지 않아 현대 직원들은 노조를 조직하고 노동부에 등록했다. 이 공장의 첫 노조였다. 처음 창설될 때 120명이었던 노조원 수는 거의 즉시 1400명으로 10배 이상 증가했다. 현대엔진공업의 노조 형성은 이내 현대미포조선과 현대자동차의 노조 형성을 촉발했다. 그러나 이들이 등록하기 전 현대그룹은 이미 회사 사람들을 보내 '노조'를 등록시켰다. 합법적인 노조 형성의 기회를 빼앗기 위한 조치였다. 1987년 8월, 현대 경영진의 이런 조치는 결국 현대그룹 내의 대규모 시위를 낳았고 다른 산업 지역들에도 영향을 미쳤다.[34] 현대의 노동 이슈들은 머지않아 다른 재벌들에도 퍼졌다. 직원이 1000명 이상인 기업 가운데 69퍼센트가 이 파업에 영향을 받았고, 1000명 미만인 기업의 38.5퍼센트도 영향을 받았다.[35]

노동자들의 요구는 1960년대부터 1980년대 초중반까지 파업과 노동쟁의의 주된 이유였던 경제적 이해를 넘어섰다. 특히 파업들은 민주적이고 독립적인 노조를 설립할 권리, 그리고 노조의 이해가 아니라 집단행동을 억압하는 데 이용됐던 국가조합주의적 노조들을

제거하는 데 집중했다. 달리 말해 노조 활동들은 작업장의 민주화에 집중했다.[36]

국가의 대응은 흥미롭다. 1987년 8월 초까지, 정권은 노동쟁의에 방관자적 태도를 보였다. 예컨대 당시 정권은 경찰을 눈에 띄게 동원해 노동자들의 저항을 억압하는 모습을 보임으로써 민주주의의 창시자라는 자신의 새로운 이미지가 '퇴색되는' 것을 원하지 않았다.[37] 장군 출신의 마지막 대통령이자 과거 권위주의 정권들의 가장 큰 수혜자였던 노태우는 사실 할 수 있는 것이 제한되었다.[38]

그런데 9월 2일, 한 사건이 (그 운동의 시작 지점인) 울산에서 일어났다. 시위자들이 가두시위를 벌였고, 수적으로 우세한 진압경찰과 맞부딪치기도 했으며, 한 분파는 시청을 급습해 창문을 깨고 시설물을 부수기까지 했다. 이틀 뒤, 폭력이 점증하고 재벌들이 계속 호소하자 결국 경찰이 동원되어 시위를 강력히 탄압하고 질서를 바로잡았다.[39]

국가는 파업들을 효과적으로 진압할 수 있었지만 국가의 초기 무대응은 (현대그룹의) 정주영이 두 가지 보호 전략을 쓰는 계기가 됐다. 첫째, 앞서 언급했듯이 구사대들을 만들었다. 둘째, 정주영은 용역들을 모집해 다루기 힘든 노동자들과 파업들을 진압하는 데 사용했다. 다른 기업들도 그에 따라 구사대를 만들고 '경비', 즉 앞장서 노동을 억압하는 주요 강제 집단을 고용했다.[40] 현대그룹을 포함해 기업과 국가와 범죄 집단의 관계를 예시하는 초기 사례가 하나 있다. 1989년의 이른바 1·8테러가 그것이다. 노사분규로 골치를 앓고 있던 현대중공업의 적어도 한 임원이 여러 현대 계열사의 노조위원장 19명이 참여하는 합숙교육에 관해 듣게 되었다. 이 정보를 들은 현대엔진 한유동 전무는 '노조파괴 전문가'로 활동하던 한국계 미국인 제임스 리(한국 이름 이윤섭)에게 연락했다. 제임스 리는 급습을 계획했고, 한유동은 경찰서장에게 연락해 제임스 리의 공격 계획을 알리고 경찰이 개입하지 않겠다는 동의를 받았다.[41]

제임스 리는 현대그룹 직원 등을 중심으로 '회사' 사람 100여 명을 모아 구사대를 꾸리고 통신장비, 쇠파이프, 회사 버스 3대를 입수했다. 1989년 1월 8일, 그들은 노조 간부들이 모여 있는 산장으로 향했다. 경찰이 번호판을 가린 이 수상한 차량들을 세워 검문했지만, 곧 지서장에게 버스를 통과시키라는 전화가 왔다. 목적지에 도착하자 이들은 노조원들을 마구 때려 "교육"하기 시작했다. 또 노조원들에게 "우리 아버지는 김일성이다"라고 따라 하도록 강요하고는 거부하는 사람들을 심하게 구타하고 밖으로 끌어내 사진을 찍기도 했다.[42] 한 시간여 만에 산장을 떠난 이들은 시내로 이동해 현대해고자복직실천협의회 사무실에 난입해 보이는 것은 무엇이든 부쉈고, 5명을 구타했다.

그들은 비밀을 유지하려 했다. 그렇지만 외국인이 이 일을 조직했다는 말이 흘러나오자 언론이 사건을 보도했고, 국회의원들이 조사를 위해 울산으로 갔다.[43] 이 조사로 결국 제임스 리를 비롯해 여러 사람들이 체포됐다. 제임스 리도 한유동도 1년형이라는 가벼운 처벌을 받았고 다른 한 명은 1년 6개월형을 받았다. 다른 폭행범 31명은 집행유예를 받고 풀려났다.[44] 이 사건의 일부 가해자가 기소됐지만 사건의 많은 부분은 언론에 보도되지 못했고 큰 관심을 끌지도 못했다. [다만] 제임스 리가 외국인이라는 사실이 언론의 주목을 끌고 그래서 국가가 대응했다는 것은 분명하다.

무력 시장에서 구사대를 비롯해 민간 행위자들이 도입된 것 외에도 스스로를 과거 권위주의와 거리를 두려는 국가에 의해 추가 조치들이 시행됐다. 2장에서 이야기했듯이 강제적 요소를 포함하는 사법제도 개혁을 통해 유의미한 조치들이 시행되어 시민의 협력과 감독이 증가됐다. 이로써 그런 집단들이 한때 누렸던 자율성도 현저히 줄어들었다. 전략들도 변했는데, 김대중 행정부(1998~2003)에서 특히 그랬다.

김대중 정부에서 이무영 경찰총장은 두 가지 전략 변화를 포함하는 '경찰 대개혁 작전'을 개시했다. 첫째, '무無최루탄 정책'을 시행해 그동안 시위 때 경찰이 주로 찾던 무기인 최루탄을 쓰지 않기로 한 것이다. 과거 권위주의 정권에서부터만 헤아려도, 최루탄은 한국 역사에서 오랜 기간 등장한 도구였다.[45] 1960년대를 되돌아보면, 16세의 학생 김주열이 최루탄이 얼굴에 박힌 채 발견된 사건이 시위의 물결을 촉발했고 이는 결국 이승만의 축출로 막을 내린 바 있다. 경찰총장 이무영은 2000년 2월 《인터내셔널 헤럴드 트리뷴》International Herald

Tribune≫과의 인터뷰에서 최루탄을 쏘면 "화염병이 늘 뒤따른다"고 말했다.[46] 경찰관들과 한국경영자총협회(경총) 대표들과의 면담에서 한국의 민주주의는 최루탄 발사량으로 측정될 수 있다는 설명을 들었다고 권종범은 말한다.[47] 1996년에는 21만 개가 발사됐고, 1998년에는 3400개뿐이었으며, 1999년에는 한 개도 쓰이지 않았다.[48]

최루탄의 자리에는 "립스틱" 라인으로 불리는 교묘한 전술이 도입됐다. 다림질한 제복에 하얀 장갑을 낀 비무장 여경들을 시위 장소로 보내는 것이었다. 이들은 시위대의 일선을 가로막아 시위자들과 시민들 사이를 효과적으로 차단했다. 위에서 제시한 《인터내셔널 헤럴드 트리뷴》 기사에서 인용된 한국노동조합총연맹 국제국장 안봉술의 발언은 이렇다. "그들은 이 여성 경찰관들을 일선에 배치했습니다. …… 물론 비무장으로요. 우리가 어떻게 여성들을 공격할 수 있겠습니까?"[49]

'립스틱' 라인이 경찰의 전투적 이미지를 줄이는 데 일조했지만 진압경찰, 구사대, 민간 경비를 대체하지는 않았다. 사실 여성 경찰관들 뒤에는 흔히 바로 그 행위자들이 있다. 폭력이 실제로 분출될 경우에 대비해 말이다. 예견된 곳(예컨대 시위를 하지 않는 민간들의 시야)으로 폭력이 번지는 것을 막는 데 '립스틱' 라인은 매우 유용한 것으로 입증됐다. 더욱이 권종범에 따르면 "크게 붐비는 공공장소에서 경찰은 폭력, 혹은 그것의 잠재성, 즉 검은 옷을 입은 진압경찰이 상징하는 그것을 감춰야 한다. …… 일반적으로 경찰은 시위 장소로 명시된 조심스러운 공간을 침범하지 않았다. 외려 폭력은 가두행진에서 일어났고 수많은 노동자 및 활동가 들이 제한선을 넘겠다고 위협했다".[50]

앞선 논의에서 확인할 수 있듯이 국가는 뒤로 물러선 것이 아니라 사회가 보는 곳에서 일어나는 폭력을 억제하려 했다. 즉 '눈에서 멀어지면 마음에서도 멀어진다'는 것을 이용한 셈이다. 구사대나 민간 용역회사가 저지르는 폭력은 흔히 공공장소 밖에서 발생하고 또 다시 경찰은 갈등이 악화되는 것을 막는 역할을 맡는다.

최근 노동 억압 사례에서는 파업 분쇄에서 민간 용역들의 지속적 역할이 두드러진다. 2012년 7월, 경기도 안산에서 자동차 부품을 생산하는 에스제이엠SJM 공장 노동자들은 임금 인상을 요구하고, 공장 폐쇄라는 회사의 대응에 저항하며 시위를 벌이고 있었다. 계속되는 시위에 에스제이엠은 시위자들을 진압하고 해산하고자 컨택터스CONTACTUS를 고용했는데, 컨택터스는 민간 경비 회사로 이명박과 새누리당원들과 깊은 관계가 있었다.[51] 더욱이 컨택터스는 이명박이 대선에 출마할 당시 개인 경호를 맡았고, 재개발사업들에도 개입한 바 있었다.[52]

7월 27일 아침, 컨택터스 직원 200명이 헬멧, 방패, 곤봉을 갖추고 현장에 도착했고 노조원 150명을 폭행하기 시작했다. 곤방과 방패 외에도 '경비'원들은 시위자들을 향해 쇳덩어리를 던지기도 했고 소화기를 분사하기도 했다.[53] 오전 4시 30분, 에스제이엠 노동조합에 따르면, 노조원 한 명이 112에 전화했다. 한 시간 뒤 도착한 경찰은 공장 안으로 들어오지 않았고, 경비 용역들에 어떤 조치도 취하지 않았으며, 그 사이에 충돌은 몇 시간 동안 지속됐다.[54] 경찰은 이렇게 말했다고 한다. "보고를 받고 한 시간 뒤 현장에 도착했을 때는 이미 모든 게 통제되고 있었습니다."[55] 그러나 이런 발언은 민간 경비원들이 헬멧과 보호 장비를 착용하고 있었고 또 어두워 경찰관으로 오판해서 어떤 조치도 취하지 않았다는 경찰청의 말과 모순된다.[56] 시위 진압 과정에서 노동자 34명이 부상을 입었고 그중 10명은 중상이었다고 한다.[57]

전국금속노동조합(금속노조)은 이 사건을 사람들에게 알렸는데, 앞서 서술한 현장이 비디오에 포착됐다는 사실이 많은 도움이 되었다. 금속노조는 컨택터스와 (대표) 문성호, 그리고 경찰의 비조치에 대한 조사를 요청했다. 이에 경찰청장 김기용은 경찰에 내부 조사와 진압경찰 지휘관을 포함한 책임자들에 대한 징계 조치를 명령했다. 이름을 밝히지 않은 한 경찰관은 이렇게 말했다. "민간 경비 회사는 시위와 파업에 개입할 수 있지만 우리가 폭력 행위가 일어나는지 감시할 수 있도록 사전에 보고해야 합니다. 컨택터스는 그 의무를 지키지 않았습니다."[58] 컨택터스의 임원들도 사과 비슷한 말을 했지만 그러면서도 이렇게 말했다. "그들은[그 노동자들-원문]은 무고한 사람들이 아닙니다. 반드시 진압해야 하는 잔혹한 집단입니다." 나아가 그들은 이렇게 설명했다. "우리가 없으면 기업 활동이 위축되고 정부의 권한에 부담이 생길 것입니다."[59]

우리가 이 사례에서 분명히 볼 수 있는 것은 '국가'는 대개 파업 진압(또한 다른 보호 사례에서도)에 더는 적극적으로 개입하지 않고 폭력을 관리하고 억제하는 일로 돌아섰다는 것이다. 여전히 동원되고 존재하는 진압경찰의 자리에는 진압을 수행하는 민간 경비 회사와 구사대가 있다. 비군사화의 외양 아래 활동하는 것은 국가가 어떤 조치도 정치화되는 것을 피하는 데 일조한다. 경찰이 개입해야 하는 사건들에서 경찰의 개입은 제한적이고, 그에 따라 정치화의 전반적 수준도 줄어든다.

결론

군사정권이 권력을 잡는 모습에서 우리는 한국의 국가 형성이 유럽의 국가 형성과 유사한 궤적을 밟았다는 것을 확인할 수 있다. 국가 행위자들이 된 국가 추구자들은 지배를 확립하고자 기회가 있을 때마다 비국가 무력 집단의 '박멸', '예속화' '구매' 등을 혼합한 전략들을 사용했다. 이승만의 정치 기구는 대한민국 수립기와 그 이후에 대개 능력의 논리에 따라 비국가 집단들에 의지했다. 점증하는 사회적 압력에 굴복해 이승만은 권좌에서 내려와야 했고, 자유당이 몰락한 이후 이빨 빠진 정권이 권력을 잡지만 박정희가 이끄는 군이 군사 쿠데타를 일으켜 권력을 장악했다.

박정희는 쿠데타로 권력을 잡았지만 철권으로만, 또 미국의 원조 없이는 통치할 수 없다는 것을 인지했다. 군사정권에게는 모든 잠재적 라이벌의 제거라는 당면 목표가 있었고 거기에는 이승만의 자유당을 뒷받침한, 한때 유력했던 범죄조직들을 뒤쫓는 일도 포함됐다. 이것은 이승만이 이끌던 국가의 실패의 많은 부분이 그런 집단들의 책임이라고 본 사회에서 인기가 있었다. 1961년과 1963년 사이, 군사정권은 '정치 깡패 행위'를 효과적으로 제거할 수 있었다. 박정희의 (상대적으로) '민주주의적인 시기'(1963~1971) 동안 그런 범죄 집단들과 높은 수준의 정치권력을 연결 지을 수 있는, 신뢰할 만하고 쉽게 판단할 수 있는 증거를 나는 발견하지 못했다. 하지만 그런 조직들이 비록 드물었지만 기회가 있을 때마다(예컨대 선거 때) 이용됐다는 여러 설명이 있다. 이는 분명 더 연구해야 할 부분이지만 박정희의 낮은 인기, 그리고 그가 유지하려 한 외양적 민주주의를 고려하면 그런 집단의 사용은, 만약 그런 사례에서 경찰을 사용했을 경우 정권의 어깨에 지워질 강제력 사용에 대한 반감을 피하는 데 일조했다고 나는 추측한다.

그러나 박정희가 강제력을 사용하는 데에서 민간 자원이 아니라 공적 자원을 선호했다는 것은 분명하다. 나는 경찰관 응답자에게 왜 박정희의 권위주의 시기와 전두환 정권의 초기에 깡패들이 이용되지 않았는지 묻자 그는 꽤 단호하게 "당시는 우리가 깡패였다"고 대답했다.[60] 달리 말해 그들은 그런 폭력을 행사하는 비국가 집단들을 이용할 필요가 없었다. 즉 외양적 민주주의도 존재하지 않았고 그들에게는 질서를 세울 철권이 있었다.

경제 발전을 통해서 도시에 거주하고 교육을 받은 대중이 늘어났고 이런 대중은 박정희의 급속한 산업화 계획에서 필수적인 요소였다. 박정희가 1979년에 살해되었지만 점증하는 투쟁적 사회의 씨앗들은 이미 심어졌고, 전두환은 그 결과를 어떤 식으로든 맞이해야 했다. 반대에 대한 억압, 특히 국가 자원을 이용한 억압은 더 많은 저항에 부딪혔다. 달리 말해, 앞서 보였듯이, 억압을 수행하는 특정한 행위자들이 중요하다. 확장된 시민사회가 동원한 시위들이 널리 퍼졌고 이런 권위주의의 위기에 직면해 전두환이 다시 민간 행위자들을 사용했다는 사실에서 주목할 만한 함의는 정부의 자율성이 감소했다는 것이다.

나는 (세입자) 강제 철거와 노동 억압 사례의 폭력을 직접 목격하지 못했지만 노점상 강제 퇴거는 목격했다. 그냥 서 있기만 하는 진압경찰을 보면서 나는 이 연구의 동기가 된 질문을 자문했다. 사회는 왜 그런 일들이 일어나게 그냥 두는 것일까? 나는 그런 폭력이 민주화된 사회인 2011년의 한국에서 일어나지 않으리라고 추측했었지만, 그런 폭력은 과거에도 현재도 한국 사회를 특징짓고 있다. 노점상, 노동자, 학생, 혹은 그 밖에 누구든 법을 위반한다면 왜 국가는 단순히 경찰을 동원해 체포하지 않고, 질서를 보장하고자 만든 사법제도를 통해 그런 행위자들을 허가하는 것일까? 그 답은 앞서도 말했듯이 역사가 중요하다는 것이다.

급속한 경제발전과 중첩된 독재적이고 부패하며 잔혹한 통치의 시기는 구해근이 적절히 특징지은 강성국가와 투쟁적 사회의 공존으로 이어졌다. 박정희는 순전히 천부적 재능과 가혹한 억압을 통해 급속한 산업화를 꾀했다. 다른 이들은 실패하고 그는 성공한 이유 하나는 그는 모든 도전자들을 억압하고 경제의 방향을 세우는 데 필수적인 강제력을 축적할 수 있었다는 것이다. 박정희는 1963년과 1971년 사이에 외양적 민주주의를 유지하면서 그렇게 할 수 있었다. 그런데 그 짧은 시기 동안 사회는 대개 교육받은 도시민의 사회로 변화했다. 그런 이행은 경공업에서 중공업으로 전환하는 데 필수적이었지만 대중을 통치하기가 점차 어려워지는 상황을 조성하기도 했다. 달리 말해 사회 세력에 대한 국가의 자율성이 급격히 줄어들고 있었다. 기업의 요구에 대한 박정희의 항복은 분명 인기를 얻지 못했다. 그리고 만약 우정은의 주장을 받아들인다면 그런 항복은 민주주의의 외양에서는 불가능했고 그래서 철저한 권위주의로 이행하게 된 것이었다. 왜 이 시기 동안 민간 무력 시장으로 이행하지 않았을까? 왜냐하면 박정희 정권은 그럴 필요가 없었기 때문이다. 그들은 거대한 강제력을 쥐고 있었으며, 민주적 지배라는 외양을 따를 필요가 없었다.

박정희가 암살된 이후 전두환이 '물려받은' 정치 환경은 박정희가 처음 맞이한 것과는 판이했다. 즉 전두환은 유례없는 규모로 사회를 억압해야 하는 환경에 직면했다. 전두환의 조치들은 사실 성공적이었는데, 그렇다면 왜 그는 1984년 강제 철거와 1987년 노동 억압과 관련해 공적 강제력과 아울러 시장을 이용했을까? 그 이유는 전두환이 '케이크를 먹으면서 동시에 간직하려' 했기 때문이다. 전두환 정권은 처음에 상황을 오산해 강력한 억압 조치를 철회하기 시작했다. 전두환은 강제 조치들을 필요로 하는 공공재를 공급해야 했고 그 사이 국내외의 인기를 늘리고자 애썼다. 전두환은 재개발 사업을 민영화했고 국가는 직접적인 강제 철거에서 많은 부분을 손을 떼게 됐다. 전술을 바꾸었지만, 전두환은 자신이 명백히 과소평가한 시민사회의 권력으로 인해 몰락했다.

1987년에는 전두환이 권좌에서 제거되었을 뿐 아니라 대통령 직선제도 부활되었다. 정치적 자유화를 이루었지만 노동의 사회경제적 문제와 급진적 시민사회 집단들의 최대주의적 요구들은 다루어지지는 않았다. 직선제에 충분히 만족한 중산층은 사실상 해산됐다. 그러나 중산층의 권력을 인지한 노태우 정권은 사람들을 자극하는 과거 권위주의의 이미지들을 그들이 보지 못하도록, 즉 노동 억압 현장의 구사대와 용역회사를 보지 못하도록 주의했다. 강제 철거 사례에서처럼 경찰은 폭력과 강제의 가해자에서 관리자로 바뀌었다. 국가는 중산층에게 그들이 군집할 이유를 제공하지 않고자 극히 주의해야 한다. 강제 철거와 노동 억압이 계속 탈정치화되어 있기만

하면 중산층은 엄청난 용인을 보였다.

한국에서 국가의 정당성, 또 정치 행위자들의 성공과 생존은 지속적인 경제 성장과 치안 유지뿐 아니라 민주주의 성장, 확장, 보호의 보장에도 종속된다. 일반적으로 우리는 대부분의 민주 정부들의 정당성이 그런 과업에서 유래한다고 예측하는데, 한국은 근래의 잔혹한 권위주의 지배 때문에 고유한 도전들에 직면해 있다. 가장 중대한 도전은 잔혹한 독재 지배의 역사와 거리를 두고 법치를 따르면서 (적어도 겉으로라도) 동시에 질서를 세우는 것이다. 질서 확립은 탈권위주의 시기의 정부들에게 아슬아슬한 줄타기이다. 일본 지배 시기에 경찰이 식민주의의 상징이었다면, 일본의 항복 이후에는 부패한 권위주의 지배와 국가가 민주주의의 약속을 무수히 파기한 사례의 상징이 되었다. 권종범이 주장하듯 현대에 국가 행위자(즉 경찰)의 강제력 사용은 과거 권위주의의 기억들을 떠올리게 할 위험이 있다. "탈권위주의 한국에서 국가 폭력은 유의미한 상징적 유의성誘意性을 가지고 있고 국가와 시민사회 집단 모두의 정치적 정당성을 평가하는 해석상의 틀이 된다."[61]

구해근이 지적했듯이 국가가 경제, 사회, 정치 변형의 궤도와 틀을 세우는 데 거대한 영향을 미치고 중대한 역할을 했지만 사회 및 정치 변화는 다양한 사회 집단들이 개별적으로든 집합적으로든 국가 행위에 대응한 것들의 결과였다.[62] 달리 말해 사회는 국가의 제도적 능력을 형성해오고 있다. 국가의 제도적 능력은 시기에 따라 달라지며 그에 따라 국가 행위자들의 선호에도 영향을 미친다. 현대 한국의 무력 시장에서 국가와 비국가의 협력에 관한 주목할 만한 함의는 사회의 선호를 무시할 수 있는 국가의 능력이 감소했다는 것이다. 달리 말해 무력의 하청 현상은, 권위주의적이기 때문에 사회의 자유주의 세력으로부터 처벌당할 수 있는 행위와 거리를 두려는 국가의 계산된 시도이다.

8장

결론, 그리고 한국 사례를 넘어서

범죄적 폭력 시장에서 국가와 비국가 행위자들의 협력과 공모 관행을 탐구하는 것, 특히 이러한 일이 국가의 능력치가 높은 발전된 환경에서 발생하는 이유를 설명하는 것이 이 책의 목표였다. 이 연구의 주된 가설을 발전시키고 개선하고자 한국 사례를 이용했고, 여기서 나는 한국의 초기 국가 형성에서 국가와 비국가의 협력 과정이 통설에서 설명하는 궤적과 매우 유사함을 명백히 확인할 수 있다. 즉 국가 추구자와 국가 행위자 들은 강제력의 우위를 얻는 데 도움이 되는 모든 세력을, 그것이 범죄 세력이든 다른 세력이든 상관없이, 동원했다는 것이다. 그런 협력은 결국 국가의 힘이 부족했다는 국가 능력의 한계 논리에 따라 일어났다. 박정희는 1961년 쿠데타로 권좌에 오르고 나서 국가의 강제력 및 그 사용과 비국가 경쟁자들의 그것을 정당한 것과 부당한 것으로 나누어 명백히 경계를 그었다.

박정희 이전에 국가의 폭력 자원과 비국가의 폭력 자원이 모호했다는 것은 분명하다. 또 폭력의 '회색지대'가 박정희의 18년 임기 동안, 완벽히 근절되지는 않았지만, 확연히 줄었다는 것도 분명하다.

1945년과 1960년 사이의 초기 국가 형성만을 본다면 연구 결과의 (전부는 아니더라도) 대부분은 사실 기존의 약한 국가 이론들로 쉽게 설명할 수 있을 것이다. 그러나 국가 행위자와 민간 폭력 전문 집단 사이의 협력은 박정희의 초기 집권 시기에 출현했다가 그가 노골적인 권위주의로 이행한 후에는 단절되었으며 1980년대에 정치적 자율성이 하락하면서 재출현했다. 그런데 이승만 정권 이후 그런 협력이 번창할 수 있는 조건은 확실히 달랐다. 즉 당시 국가는 거대한 강제력이 있었다. 1960년대 초와 1970년 사이의 박정희 정권은 한국이 적어도 민주주의로 이행하고 있는 척이라도 해야 했다. 그의 임기 동안 사회는 급속한 경제발전을 경험했고 도시화되었으며 점차 교육 수준도 높아지고 투쟁적으로 변해갔다. 전두환이 물려받은 한국은 한국의 긴 역사의 그 어느 때와도 판이했다. 사실 전두환은 강력한 반정부 동맹을 형성한 학생, 노동자, 지식인, 새로운 중산층에 직면했다. 전두환은 강제 철거를 민간 시장에 맡김으로써 국내의 비판적 세력들로부터 비난의 화살을 피할 수 있었고 국제적으로도 그럴 수 있었다. 강제와 폭력이 끝나지 않은 것은 분명하지만, 그것을 저지르는 행위자들은 달라졌다. 이런 조치로 폭력의 회색지대가 또 다시 확장되었는데, 민주 직선제 이행의 여파로 대규모 노동 봉기들이 발생한 뒤로 그 범위는 훨씬 넓어졌다. 연이은 정권들의 정당성은 과거 권위주의와의 거리두기에 달려 있었다. 공적 폭력 행사자들과 민간 폭력 행사자들 사이의 모호성은 결국 국가가 직접적인 정치 반격을 피하는 데 일조한다.

주택을 늘리거나 하부구조를 개선하고 경제를 안정적으로 유지하는 사업들에서 이득을 보는 것은 중산층이다. 따라서 중산층의 국가에 대한 충성도도 그만큼 높을 수밖에 없다. 그렇지만 (권종범에 따르면) 국가 행위자의 폭력은 중산층 행위자들이 국가에 맞서게 될 만큼 상징적 유의성을 지닌다.[1] 국가는 결국 그런 행동이 일어날 가능성이 늘어나는 것을 피하고자 강제력을 행사할 비국가 행위자들의 협력을 구한다. 요컨대 중산층 동원의 잠재성은 국가가 범죄적 무력 시장에서 민간 행위자와 협력하게 압박하는 **바로 그 기제다**.

한국 사례를 넘어서

범죄적 폭력 시장에서 국가와 비국가가 공모하는 현상은 분명 한국 고유의 현상은 아니다. 그것은 '한국 문화' 특유의 것과 상관관계가 있다기보다는 특정한 정치 조건에 대한 국가 행위자들의 계산된 대응이다. 연구가 더 필요하지만 우리는 동일한 논리가 과거 노예 소유를 허락했던 미국 남부 주들에서도 작동했으리라는 가능성을 분명 확인할 수 있다. 당시 거기에서는 린치(사형私刑)를 가하는 무리와 폭력배들이 많은 토지를 소유한 귀족 계층, 경찰, 정치권력과 협력해 초법적 강제를 일삼으며 상당한 협박을 가했다. 일본의 국가와 범죄 집단 사이의 협력의 지형은 역사학자와 저널리스트들이 잘 기록했지만 대개 사회과학자들의 연구는 부족한 상태다. 다음 단락에서는 미국 남부 사례와 일본 사례를 간략히 다룬다.

린치, KKK와 국가의 협력

남북전쟁이 끝난 뒤 1895년 12월 6일 수정헌법 제13조가 채택되면서 남부 흑인에 대한 백인의 법적 통제권 대부분은 힘을 잃었다. 남부의 주州 정부들은 법적 수단을 통한 통제권, 주로 아프리카계 미국인의 노동에 대한 통제권을 다시 얻고자 갖가지 시도를 해 '흑인법'이라는 것을 시행했다. 예를 들어 사우스캐롤라이나는 아프리카계 미국인들이 상당한 세금을 내지 않는 한 농부나 하인 외의 직업을 갖는 것을 불법으로 규정하는 법을 공포했다.[2] 루이지애나의 노동계약법에 따르면 노동자로 고용된 해방노들은 매년 1월 1일과 10일 사이에, 1년을 구속하는 계약서에 서명을 해야 했다.[3] 남부 곳곳의 다른 법들도 아프리카계 미국인들이 총기, 탄약, 혹은 기타 무기를 소유하거나 휴대하는 것을 불법으로 규정했다.

남부 [주] 정부들이 아프리카계 미국인들에 대한 법적 권한을 재천명하려 하고 앤드루 존슨 대통령이 1866년 3월에 거부권을 썼지만, 연방의회는 한 달 뒤 행정부의 결정을 무효화하고 민권법을 통과시킬 수 있었다. 이로써 아프리카계 미국인들은 온전한 시민이 되었지만 남부 백인들에게는 문제가 하나 생긴 것이었다.[4] 이 시기에 관해 톨네이Tolnay와 벡Beck이 설명하듯 "남부 백인들은 흑인들이 특권층을 위해 부를 창출하는 경제 체제를 계속 누리려면 아프리카계 미국인들에게 다시 마구馬具를 채우는 다른 기제들을 고안해야만 했다. 그들이 선택한 기제는 폭력적 억압이었다".[5] 결국 초법적 린치가 그들이 선호하는 수단이 되었다.

재건[1865~1880년까지 남북전쟁이 일어나기 전과 전시에 탈퇴한 남부연합 11개 주가 연방에 재편입하는 과정에서 정치, 사회, 경제적 문제의 해결을 모색했던 시기]이 끝나고 2년 뒤, 즉 1882년부터 1930년까지, 약 2800명의 시민이 린치로 사망했는데 그중 약 2500명이 아프리카계 흑인이었고 이 가운데 94퍼센트가 백인들에게 희생당했다.[6] 당시 그런 초법적 린치에는 백인에 대한 흑인의 범죄가 늘고 있는데 사법제도는 비효율적이고 그런 범죄에 매우 관대하기 때문에 린치를 사용하는 것이 정당하다는 수사와 주장이 뒤따랐다. 폭력의 대부분이 '범죄' 용의자들을 향했지만, 증거에 따르면 남부의 사법제도는 아프리카계 미국인들에게 치명적이거나 가혹한 형을 집행하는 것을 두려워한 게 아니라 외려 중형을 선고하는 비율이 '엄청나게' 높았다.[7] 증거가 사법제도에 인종적 편견의 '정의'를 집행하는 능력과 의도가 있었음을 시사한다면 왜 민간 자원의 강제가 필요했을까? 톨네이와 벡의 주장에 따르면 린치는 신속한 '대중 정의'의 보장을 넘어서 세 가지 상호적 기능을 했다. (1) [초법적-원문] 테러를 통해 아프리카계 미국인들에게 계속 사회적 통제를 가하는 데 일조했다. (2) 아프리카계 미국인 경쟁자들이 경제, 정치, 사회적 보상을 받지 못하도록 억압하거나 제거하는 데 일조했다. (3) 백인 계급 구조를 안정화하고 백인 귀족 계층의 특권적 지위를 유지하는 기능을 했다.[8] 전 미시시피 주지사 제임스 K. 바더먼James K. Vardaman(1904~1908)은 당시 백인 대다수의 정서를 이렇게 요약했다. "필요하다면 국가의 모든 니그로에게 린치를 가할 것이다. 백인의 우위를 유지하고자 그렇게 하는 것이다."[9]

남북전쟁이 끝나고 남부 백인들이 흑인들에게 초법적 강제와 협박을 가했다는 것은 미국사에 잘 기록되어 있다. 이 연구에서 상정하는 이론이 그런 협력을 설명하는 데 도움이 될까? 남북전쟁 이전 억압과 노예제는 법적 제도였다. 요컨대 노예주州들은 비국가 집단에 의지할 필요가 없었는데, 순전히 국가 자체가 테러리스트였기 때문이다. 남북전쟁이 끝나고 연방 정부는 연방군을 통해 남부 주들에 아프리카계 미국인들을 법적으로 인정할 것을 강제했다. 이런 새로운 정치 환경에서 남부 주들의 (사회 세력에 대한 자율성이 아니라 연방 정부에 대한 자율성이기는 하지만) 자율성이 사실상 줄어들었다. 남부는 남북전쟁 과정에서 큰 손상을 입었지만(제도적 자율성도 파괴되었다), 재건 시기 이후 파괴된 것의 대부분이 재건됐다. 국가 행위자들이 제도적 능력 결핍으로 비국가 린치 무리들에게로 향했다는 설명들이 존재한다면 그것은 한국 사례에 견줄 수 있는 상보적이고 직접적인 이야기가 될 것이다. 그러나 내가 확인하기로는 증거는 초법적 폭력으로 향했다는 능력 주장이 아니라 외려 압도적으로 규범적 주장을 지지한다.

수정 헌법 제13조와 제14조가 비준됨에 따라 가난한 백인들은 더 싼값에 일을 하는 남부의 아프리카계 미국인들이라는 약 400만 명의 새로운 경제적 경쟁자들과 맞닥뜨리게 되었고, 그들에게 테러에 대한 동기가 생겼다는 것을 추측하기란 어렵지 않다.[10] 그런데 여기서 짚고 넘어가야 할 것은, 가난한 백인들이 그런 '남부의 정의'를 수행하는 무리의 대부분이었지만 그들은 국가와 지역의 행위자들뿐 아니라 백인 지주와 귀족 계층과 적어도 공모해 그런 린치를 저질렀다는 점이다.[11]

국가와 지역 경찰이 그런 사회적 통제 조치에서 이익을 봤다는 것은 가난한 백인들의 행동 근거와 마찬가지로 전략적 관점에서 보면 이해가 쉽다(그러나 전적으로 비난받을 만한 것이다). 그러면 저임금으로 이익을 보고 노동자를 통제하는 게 분명 더 쉬웠던 백인 지주와 다른 엘리트들은 왜 그런 조치들을 지지했을까? 자주 언급되는 이유 하나는 백인 지주들이 선동한 인종 폭력이 아프리카계 미국인 노동자들을 계속 통제해 그들의 저항을 예방하려는 방법이었다는 것이다.[12] 또 다른 설명은 주로 가난한 백인들이 수행한 그런 '무리의 정의'가 저임금 노동자 집단들 사이의 사회적 분열을 유지하는 기능을 했다는 것이다. 달리 말해 가난한 흑인과 가난한 백인이 백인 엘리트에 맞서 연합하고 협력하는 것을 막았다는 것이다.[13] 모리스는 이렇게 설명했다.

백인 집단의 모든 구성원이 인종 지배에 이해관계가 있었는데 그것에서 특권을 얻었기 때문이다. 가난한 백인과 중산층 백인이 이득을 본 까닭은 노동자들이 인종으로 분열되어 있어 흑인들이 백인들과 벌이가 더 나은 직업을 두고 경쟁할 수 없었기 때문이다. 남부 백인 지배계급이 이득을 본 까닭은 흑인들이 값싼 노동을 제공해주고 노동운동을 막는 무기가 되어주었기 때문이다. 마지막으로 그 제도에서 심리적 만족을 느낀 것은 자신들이 아무리 가난하고 못 배웠다 할지라도 "언제나 니그로보다는 낫다"는 확신을 주었기 때문이다.[14]

린치를 비롯해 여러 억압이 계속되자 남부의 아프리카계 미국인들은 결국 북부로 탈출하기 시작했다.

1960년대에 남부는 또 다시 격동과 폭력의 시대를 겪었고, 이에 대한 관련 증거는 많다. 예컨대 민권운동이 한창일 때의 사례들은 주(州)가 범죄적 폭력을 용인하고 공모했을 뿐 아니라 연방 정부도 개입했다는 것을 보여준다.

1946년 6월 3일, 대법원은 '모건 대 버지니아' 소송에서 각 주를 오가는 버스와 기차에서 인종으로 좌석을 분리하는 법을 금지하는 판결을 내렸다. 그러나 트루먼 대통령은 연방 정부의 집행으로 이법을 보호해주는 조치를 하지 않았다. 1960년, 대법원은 '보인턴 대버지니아' 소송에서 식당, 대합실, 화장실의 인종 분리가 위헌이라는 판결을 또 내렸다. 아이젠하워 정부는 트루먼의 반응과 마찬가지로 그 주州 및 지역 수준에서 연방법을 집행하려 하지 않았다.[15] 이렇게 연방법이 불법으로 판결했음에도 인종 분리 정책은 비공식 법으로 여전히 유효했다.[16]

1961년 5월 4일, 지역에서 '비공식적'이기는 하나 집행되고 있는 인종분리에 반대 시위를 벌이고자 13명의 자유의 기수들Freedom Riders이 앨라배마 행 버스에 올랐다. 자유의 기수들이 앨라배마에서 '인종 구분선'을 위반하려 한다는 이야기는 들은 버밍엄[앨라배마 주의 북부 도시] 경찰서 경사 톰 쿡Tom Cook과 형사 W. W. "레드" 셀프W. W. "Red" Self는 큐클럭스클랜(KKK)의 일원인 (FBI정보원이기도 했으나 쿡도 셀프도 알지 못했다) 개리 로Gary Rowe를 회의에 소집했다. 쿡은 이렇게 말했다고 한다. "당신이 그치들을 때리고 폭탄으로 공격하고 살해해도 개의치 않소. 버밍엄으로 오는 버스에 깜둥이가 타오는 건 다시는 보고 싶지 않소."[17] 5월 14일 도착하는 자유의 기수들을 공격하기 위해 60명의 KKK단원이 선별됐다. 공안국장 유진 "불" 오코너Eugene "Bull" O'Connor는 이 KKK기사단에게 15분의 '유예시간'을 주었다. 오커는 이렇게 분명히 지시했다. "할 테면 제대로 하시오." 그리고 이렇게까지 말했다. "'불도그가 사냥감을 찾은 것처럼' 때리시오. 옷을 벗겨서 버스터미널에서 내쫓으면 경찰이 성기노출죄로 체포할 거요. 혹시 KKK단원이 너무 오래 때리다가 감옥에 가게 되더라도 가벼운 형을 받게 될 것을 보장하겠소."[18]

로는 FBI 담당자에게 모의를 알렸고 담당자는 버밍엄 경찰서장 제이미 무어Jamie Moore에게 통지했다. 무어는 다름 아닌 이 습격 계획을 고안한 이들 중 하나인 톰 쿡에게 통제권을 맡겼다. 버밍엄으로 이어지는 애니스턴에서 단원들은 목표한 버스가 오자 곧장 덮쳐들어 기수들을 폭행했다. 한 명은 심하게 맞아 영구적인 뇌손상을 입기도 했다. FBI요원들과 지역 경찰관 셋은 수동적으로 지켜보기만 했다. 현장에 있던 한 경찰관은 버스에 탄 단원들에게 이렇게 이야기했다고 한다. "고소는 걱정 마시오. 난 아무것도 못 봤소."[19]

버스는 KKK단원 아홉을 계속 태운 채 버밍엄으로 향했다. 버밍엄에는 검은 가죽으로 싼 철제 곤봉과 납으로 된 야구 배트와 쇠파이프로 무장한 또 다른 단원들이 기다리고 있었고, FBI 정보원 로도 거기 있었다. 버스가 도착하자 이 무리는 자유의 기수들에게 돌진해 또 한 차례 '남부의 정의'를 수행했다. 로가 신원 미상의 흑인 여성을 곤봉으로 때리고 있을 때 형사 레드 셀프가 그에게 KKK단의 15분이 끝났다고 알려주었다. 단원들이 철수하자 셀프는 그에게 감사의 말을 전했다. "수고했어요."[20]

버밍엄 폭동 이후, 몽고메리에서 같은 일이 이어졌다. 5월 20일이었다. FBI는 이번에도 당국에 자유의 기수들이 이동하고 있고 또 다시 폭력배들이 그 시위자들을 기다리고 있다고 알렸다. 폭동이 시작되고 10분 뒤 도착한 경찰은 방관하는 자세로 일관했다. 한 시간 15분이 지나자 경찰과 보안관 들이 폭도들을 해산하기 시작했다. 백인 둘이 체포돼 "불법 방해"로 갇혔다. 이들은 희생자들이 폭행당하는 것을 막던 사람들이었다.[21]

버밍엄 폭동 이후 FBI는 이 폭동에 연루된 몇 명을 심문했지만 연방 정부는 처음부터 그들을 기소하지 않았다. 결국 법무부 차관보 윌리엄 오릭William Orrick이 로버트 케네디에게 FBI가 그 폭동들을 조종했음을 직접 알렸고, FBI는 조치를 취해야만 했다. 그러나 1962년까지 5명만 유죄 선고를 받았다. 그리고 이 다섯조차도 가벼운 형벌을 받았다.[22] KKK단의 폭력을 조사하는 대신에 후버[존 에드거 후버John Edgar Hoover, FBI를 창설하고 48년간 국장을 담당한 인물]는 FBI 인력을 지휘해 잠재적 '공산주의자'인 자유의 기수들의 전과를 확인하는 일에 관심을 더 보였다고 한다.[23]

국가 관리와 지역 경찰이 KKK단원들(물론 국가 관리의 다수가 KKK의 일원이었다)과 협력하게 된 유인들을 확인하는 것은 참 쉽지만, 이런 상황에서 FBI가 보이는 반응, 아니 정확히 말해 무반응은 꽤 흥미로운 요소다. 다른 사례들에 비해 좀 더 복잡하고, 더 많은 연구조사가 필요한 주장이지만 FBI는 KKK의 특정 집단이나 분파들과 다양한 협력을 했다. 커닝햄에 따르면 후버는 KKK를 업신여기며 "가학적이고 사악한 백인 쓰레기"라고까지 불렀지만 민권 활동가들이 더

역겹다고 보았고, 그들과 공산주의자로 추정되는 조직원들을 괴롭히는 데 KKK가 유용하다고 보았다.[24] 커닝햄은 이렇게 설명한다.

소문에 따르면 공산주의 단체와 관계가 있다고 하는 [민권-원문] 운동이 보안상의 현저한 위험을 제기한다고 그[후버-원문]도 느꼈다. 엄밀히 말해 FBI는 KKK와 목적을 공유했고, 마틴 루터 킹 목사를 비롯해 유명한 민권 단체 및 지도자 들에 대한 '인종 문제' 조사를 빌미로 그들의 계획들을 오랫동안 감시하고 억압하려 했다. 마틴 루터 킹은 도덕적 결함이 있고 공산주의 요원들과 동맹을 맺고 있다는 의혹을 받고 있어서 그들은 그를 '체제 전복적인' 인물로 의심했다.[25]

이해관계가 겹쳤기 때문에 후버의 FBI는 KKK를 제거하지 않고 KKK의 다양한 분파들의 통제를 중시했다.[26] 이런 강조는 일정한 규모의 KKK를 동원할 것을 감안한 것이었다.[27] FBI는 2중의 목표가 있었다. FBI는 KKK와의 긴밀한 관계로 때때로 그들을 동원하고 이용하는 계기로 삼는 한편 정보원을 통해 상당한 정보를 수집하고, 소문을 퍼뜨리거나 그들 내부의 분열을 조장하는 등 반KKK 활동을 수행하기도 했다. (위의 자유의 기수 사례가 예증하는 것처럼) FBI가 필요에 따라 KKK를 이용했다는 설명들이 있지만, FBI는 KKK를 무력화하기도 했다.[28] 그 계기 중 하나는 1964년 미시시피 주 네쇼바에서 있었던 프리덤 서머Freedom Summer[흑인과 백인을 망라한 수백 명의 자원봉사자들이 미시시피 주에서 벌인 인종차별 반대 투쟁에서 발생한 살인 사건일 것이다. 1964년 6월 21일, 민권 운동가인 제임스 채니James Chaney, 앤드루 굿맨Andrew Goodman, 마이클 시워너Michael Schwerner가 잔혹하게 살해된다. KKK와 관련된 21명의 사람들이 연루되었고 그 공격을 꾸민 사람들 중에는 부경찰서장 프라이스Price와 카운티 보안관 레이니Rainey도 있었다. 영화 〈미시시피 버닝Mississippi Burning〉에서도 그린 이 사건은 전국적인 큰 관심과 압력을 만들어냈고 결국 연방 정부는 FBI를 통해 KKK의 활동을 엄중 단속하게 됐던 것이다.[29]

일본의 국가와 범죄 집단의 관계

미국 남부 주들의 사례에 이어 일본의 사례를 확인해보자. 일본은 초법적 폭력 시장에서 국가와 범죄 집단이 협력해온 길고도 다양한 역사가 있다. 2장에서 간략히 설명했듯이 도쿠가와 시기(1603~1887) 쇼군(군 사령관)은 1830년대에 재정난, 기근, 농민 저항에 직면한 뒤 이른바 바쿠토(博徒, 데키야와 더불어 오늘날 야쿠자의 전신인 도박꾼)로 향했다. 바쿠토는 쇼군의 권력이 약하거나 혹은 높게 평가해도 불분명한 지역에서 질서 유지를 도우며 안내인과 정보원 노릇을 했다.[30] 달리 말해 쇼군은 순전히 약함(예컨대 능력) 때문에 그런 비국가 집단들에 의지해야 했다. 바쿠토는 본디 도박꾼이지만 자기 영역을 약탈할 수도 있는 다른 바쿠토에게서 스스로를 지키고자 강제력을 키워야 했다. 도쿠가와 막부는 바쿠토의 능력, 또한 그런 폭력을 행사하려는 그 의지도 이용했다.

그러나 쇼군과 바쿠토의 협력 전에도, 즉 1800년대 중반에서 말까지, 지역의 법 집행관들은 그들과 협력하고 그 대가로 도움을 받고자 했다. 그들의 범죄를 눈감아주거나 감옥에서 풀어주는 대신 정보원으로 쓰거나 일종의 현상금 사냥꾼으로 활용하는 것이었다. 다이묘(군주)가 다른 지역으로 무인 가신을 보낼 경우, 그 지역 관리에게 공식적으로 허가를 요청해야 했다. 그런데 바쿠토는 공식적인 관할 경계에 구애받지 않고 다른 관할권을 자유롭게 이동하며 범인들을 잡아 돌아갈 수 있었다.[31] 다이묘는 그런 수평적/수직적 절차들에 의한 제약을 뛰어넘어 자신의 뜻을 집행하면서도 그에 따른 부정적 영향을 피하고자 비공식적 민간 수단과 기제 들에 의지했다고 한다.

이러한 협력 사례들 외에도 바쿠토는 도쿠가와 정권 세력과 천황을 지지하는 세력 사이의 여러 투쟁에서 그들의 예비군과 더불어 전투의 결과를 결정짓는 중요한 역할을 했다. 이는 한국의 초기 역사부터 1953년에 전쟁이 끝나는 시기까지 보부상의 역할, 그리고 그 이후 시기에는 범죄 갱단들이 한 역할과 흡사하고, 또 다시 우리는 이것이 대개 능력의 논리에 따라 이루어졌다고 추측할 수 있다.[32]

1920년대, '다이쇼 민주주의' 시기로 불리는 경제적 번영의 시대에는 보통 선거권이 도입되고 중산층이 확대되었으며 노동조합이 급증했다.[33] 또 우파들과 극단적 국가주의자들이 성장해 깡패들을 조직에 끌어들이기도 했다.[34] 예를 들어 (당시 내무상이었던) 도코나미

다케지로床次竹二郎가 고안한 대일본국수회는 6만 명이 넘는 깡패, 노동자로 구성된 조직으로 파업을 분쇄하는 데 광범위하게 사용됐다. 다른 많은 사례 중에서도 국수회 세력은 1920년 야와타제철소 파업에 참가한 2만 8000명을 폭행하는 데 사용됐다.[35] 1926년, 국수회의 초기 회장이 사망하자 (여러 고위직 중에서도) 오랜 경력의 정치인이자 외무상과 타이완 총독부 민정관을 역임한 도쿄 시장 고토 신페이後藤新平가 그 자리를 두고 로비를 벌였으나 반공산주의자의 자질이 충분하지 않아 제외됐다고 한다.[36] 3년 뒤, 내무상과 법무상을 역임한 스즈키 기사부로鈴木喜三郎가 이 조직의 대표뿐 아니라 우파 정당 정우회의 수장도 맡았다.[37] 범죄 집단과 정치 집단의 동맹에 관해 에이코 시니아워는 이렇게 지적한다. "궁극적으로 국수회의 폭력은 그 조직에 대한 진실을 캐는 질문들이 많이 나오는 계기가 되었지만 국가와 야쿠자 관계는 명확히 드러나지 않아서 국가는 비판의 주요 대상이 되는 것을 피할 수 있었다."[38] 정치권력 중에서 정우회의 주요 야당인 민정당은 깡패들이 들어간 불법 군사 조직을 만들었다.[39] 그런 직접적인 정치 집단과 깡패의 협력은 제2차 세계대전 종전 무렵 내내 계속됐다.[40]

앞서 서술한 제2차 세계대전 종전 시기의 정치 집단과 범죄 집단의 관계는 이러한 관계가 드러나는 아주 짧은 시기의 사례들일 뿐이다. 사실 1945년 일본이 항복하고 미군이 한국을 점령하고 있는 동안(1945~1948) 미 점령군도 폭력배와 깡패가 좌익, 공산주의자, 혹은 공산주의자로 의심되는 이들을 추적하는 데 특히 유용하다고 보았다.[41] 마찬가지로 1920년대에 시작된 그러한 국가와 범죄 집단의 협력 사례와 유사하게 둘 사이의 공모는 단순히 약한 국가 가설로 설명될 수 없다.

결론

국가와 범죄 집단의 협력은 이 장에서 짤막하게 언급한 미국과 일본 사례들과 더불어 이 책의 실증적 장들에서 설명한 대개 연구가 부족한, 두 파트너 사이에서 있음직하지 않은 협력 현상에 주의를 집중케 한다. 세 가지 맥락 모두에서 우리는 국가 행위자들이, 정당한 국가 강제력과 비국가 행위자들의 폭력의 부당성 사이의 모호함을 이용한다는 것을 분명히 볼 수 있다. 그런 협력은 그저 '약한 국가'라는 가설로 설명해버릴 수 없다. 이 연구의 주장은, 이런 일이 국가의 역량이 낮은 데서 기인한다는 주장이 부분적으로는 특정 유형과 사례의 협력을 설명할 수 있지만 그 주장만으로는 불충분하고, 특히 국가가 강제력을 행사할 능력이 있지만 대리인을 선택하는 사례에서는 더 그렇다. 그런 사례에서는 협력이 전략적 선택, 즉 정치적으로 위험해 보이지만 필요한 폭력의 여파를 피하고자 사용하는 선택의 결과로 일어난다.

나가며

이 책은 내 박사학위 논문을 수정하고 한국어로 번역한 것이다. 나는 내가 생각하기에 아주 중요하지만 제대로 연구되지 못해왔던 현상, 그리고 그것과 관련한 역사를 이해하고 싶었다. 단행본이라는 형식에 맞춰 원고를 손보느라 처음의 꼴에서 굉장히 많은 부분이 바뀌었지만, 본래 의도했던 목표와 기본 논조는 달라지지 않았다. 이 책의 목표는 국가 능력이 큰 선진 민주주의 국가들이 왜 범죄적 폭력을 행사하는 조직들, 예컨대 불법 무장 단체, 마피아 유형 조직, 자경단을 용인하고 때로는 협력하는지 이해하는 것이다. 이런 집단들 사이의 공생적 관계는 놀랍게도 흔한데, 이런 공생으로 인해 생기는 특징은 크게 두 가지이다. 첫째는 정당한 폭력 사용과 부당한 폭력 사용 사이의 경계들이 흐릿해진다는 점이며, 둘째는 이러한 관계를 활용해 정치 행위자들이 국가 권위에 대한 민주적 확인[절차]을 피할 수 있다는 점이다. 기존 연구는 불법적 폭력을 약한 혹은 실패한 국가와 연결하지만 나는 경제와 정치가 모두 발전한 정부에 실증적으로, 이론적으로 집중했다. 이러한 차이가 국가와 힘에 관한 논의의 지평을 넓혀줄 수 있기를 기대한다.

나는 폭력 사용에 대한 국가의 독점이 [국가의] 의도에 따라 달라진다고 주장한다. 정치 행위자들은 국가 건설 및 유지라는 복잡한 과정에서 자원 제약과 정치적 제약에 직면해 자신의 권위를 지속적으로 행사해야 한다. 자원 제약에 직면해서 국가 행위자들은 영역을 확장하고 무력을 신장하고자 폭력을 하청한다. 그러나 주로 정치적 제약의 결과로서의 하청은 무력 신장을 넘어서 두 가지 목표에 이바지한다. 첫째, 하청을 통해 정치 행위자들은 자유를 제한하는 것으로 보이는, 그래서 좋은 평을 들을 게 없는 치안 활동과 거리를 둘 수 있다. 둘째, 범죄 집단은 초법적 조직이기에, 하청을 통해 국가는 투명성과 책임이라는 제약들을 피할 수 있다. 하청이라는 선택은 궁극적 목적뿐 아니라 선호하는 결과를 낳는 적절한 수단과 관련한 사회적 압력에도 좌우된다. 중요한 것은 높은 수행력이 있는 국가에서 하청의 정치적 보상이 크다는 점인데, 그런 국가들은 범죄 집단들이 다른 영역으로 전이해 국가 권위에 직접 도전하는 잠재적 위험을 가장 잘 관리할 수 있기 때문이다.

국가 행위자와 불법 조직의 연계에 관한 편파적이지 않은, 정량화할 수 있는 데이터를 얻는 것은 대개 설계상 불가능하다. 내 주요 분석은 한국에서 1년간 수행한 현장 연구에 기초하고 있으며, 경찰, 검사, 기자, 마피아 단원, 그리고 피해자와의 면담으로 얻은 증거들을 이용한다.

이 책이 주요 분석 단위로 무력 시장에서 국가와 비국가 사이에서 벌어지는 상호작용에 집중하고 있기는 하지만, 특히 그런 과정들에만 초점을 맞추는 것은 아니다. 정확히 말해 이 연구는 무력에 대한 민주적 통제를 지지하는 사회 세력의 발전과 이것이 국가 강도와 국가 행위자의 행위에 미치는 영향과 관련한 더 큰 사안들을 이해하기 위한 프리즘으로서 그런 협력을 탐구한다. 실제로 이 연구조사의 인과관계에 대한 설명력과 함의들은 국가와 비국가의 불법적 협력 현상을 넘어서고, 마지막 장에서 설명하듯이 사회과학의 중요한 주제들에서 중대한 의미를 지닌다.

국가의 발전과 민주화에 관해 일반화할 수 있는 해석을 추가하는 것도 한 가지 목표였지만, 이 책을 통해 현재 한국 정치학 분야의 연구에도 일조하고 싶었다. 실제로 한국의 정치적·경제적 발전이나 민주화, 사회와 국가의 관계에 관한 연구는 굉장히 많고, 그만큼 깊이 있는 연구도 적지 않다. 그렇지만 한국의 폭력 시장에서 국가와 비국가 사이에 벌어지는 협력의 진화를 살펴보는 연구는 드물다. 해방 이후 한국이 겪은 경험에서 학계와 일반 사회 공동체들이 배울 수 있는 것들은 무궁무진하다. 이 책은 그 교훈 중 아주 일부나마 조명해보려는 노력의 결과이다. 마지막으로, 이 책을 읽을 한국 독자들이 나의 외부자의 시선을 탐탁지 않게 여기지 않고, 한국을 진심으로 아끼고 이 나라와 사람들에게서 정말로 많은 것을 얻은 한 학자가 그 빚을 조금이라도 갚으려 노력한 것이라 여겨주기를 바란다.

감사의 말

이 연구조사를 수행할 수 있도록 후한 연구비를 지원해주시고 협력해주신 다음 기관들에 진심으로 감사의 말을 전하고 싶다. 미시간대학교의 정치학과 및 한국학 남Nam 연구소(그리고 모든 직원들!), 국제교육협회 풀브라이트 재단(연구비 번호 PD2051299), 한국학중앙연구원(한국학진흥사업), 한국 정부(교육부) 지원 연구비(AKS-2011-BAA-2102), 서울대학교 한국정치연구소. 미시간대학교 내부심의위원회는 이 연구 프로젝트를 승인해주었다(HUM00035137).

이 프로젝트에 재정적·제도적 지원 외에도 많은 도움을 받았다. 다음 분들의 도움이 없었다면 이 프로젝트는 불가능했을 것이다. 아베 히로아키Abe Hiroaki, 안도경, 안형진, 데즈먼드 아리아스Desmond Arias, 백창재, 캐슬린 카튼과 숀 카튼Kathleen and Shawn Carlton, 토마스 샤드포Thomas Chadefaux, 브루스 커밍스Bruce Cumings, 조성권, 최룡, 윌리엄 R. 클라크William R. Clark, 조슈아 구블러Joshua Gubler, 메리 갤러거Mary Gallagher, 앨런 힉켄Allen Hicken, 로널드 잉글하트Ronald Inglehart, 김한엽, 김선일, 김창길, 김남규, 김정길, 김연경, 곽노진, 권애리, 임아름, 케니스 맥엘윈Kenneth McElwain, 로버트

믹키Robert Mickey, 문정인, 오노 요시쿠니尾野嘉邦, 박원호, 교코 펄트와 유츠키 펄트Kyoko and Yutsuki Porteux, 표학길, 메건 레이프Megan Reif, 앨런 스탐Allan Stam, 송경아, 데릭 스태퍼드Derek Stafford, 리 스텐소Lee Stenso, 카리스 템플맨Kharis Templeman, 우메다 미치오梅田道生, 우정은Meredith Woo, 임지연. 익명으로 할 수밖에 없는 무수한 연구 참여자들께도 큰 빚을 졌습니다. 대단히 고맙습니다!

부록

1. 한국의 조직범죄 집단 및 단원[1]

지역(인구)		단원 수		조직범죄 집단	
		수	총수 중 %	수	총수 중 %
서울 (9,820,171)		9,796	20.7%	62	16.2
경인	인천	2,526	5.3	24	6.3
	경기	10,419	22.0	37	9.7
	합계	12,945	27.3	61	16.0
부경	부산	3,519	7.4	97	25.3
	울산	1,047	2.2	8	2.1
	경남	3,054	6.5	14	3.7
	합계	7,620	16.1	119	31.1
대경	대구	2,462	5.2	27	7.0
	경북	2,630	5.6	11	2.9
	합계	5,092	10.8	38	9.9
중부	대전	1,442	3.1	10	2.6
	충남	1,890	4.0	16	4.2
	충북	1,459	3.1	9	2.3
	합계	4,791	10.2	35	9.1
호남	광주	1,417	3.0	20	5.2
	전남	1,819	3.8	15	3.9
	전북	1,781	3.8	15	3.9
	합계	5,017	10.6	50	13.0
강원		1,461	3.1	15	3.9
제주		529	1.1	3	0.8
총계		47,251	100.0	383	100.0

출처: 「조직폭력 범죄의 실태에 관한 조사연구」, 2006. 10. 121쪽.

2. 한국의 주요 범죄 집단 분포[2]

서울[3]

지역	조직명
미아리	쌍택이파
무교동	범호남파, 양은이파, 서방파, OB동재파
명동	신상사파
영등포	삼일당→중앙동파, 영등포파, 영등포시장파
동대문구	국필이파→까불이파, 청량리파, 동대문파
강남구	목포파, 동아파, 학동파
관악구	봉천사거리파→봉천파, 이글스파(Eagles)

비서울

지역	조직명
경인	꼴망파, 선장파, 부평 식구파, 부천파, 부천 식구파, 수원파, 남문파, 북문파, 주안파, 역전파, 청하위생파, 타이거파, 국제마피아파, 원주민파
부경	칠성파→신칠성파, 영도파, 해운동 칠성파, 유대파, 20세기파→신20세기파, 백호파, 울산 복공파, 울산 산역전파, 밀양 영성파, 마산 북파, 신신역전파, 신목공파
대경	향촌동파, 동성로파→신동성로파, 동구연합파, 안동대명회, 구미 금오산파, 포항 일심회, 대명회, 통합파, 삼거리파
중부	야망파, 파리다이스파, 질술이파, 목포내기파→옥태파, 대천 태양회, 아산 태평양파, 화성파, 시라노니파, 신구랜드파, 송악파, 태양회파
호남	행여나→대호파, 성인 폭력조직 OB파→ 신OB 파 → OB동재파(서울), 동아파 → 서울동아파 → 양은이파(서울), 광주 서방파→서방파(서울), 국제PJ파, 콜박스파, 무등산파, 대인동파, 순천 시민파, 순천 중앙파, 목포 서산파, 광양 백호파, 나주 대흥동파, 보성 역전파, 전주파, 월드컵파, 나이트파, 백학관파, 그랜드파, 배치장파
강원도	연방파, 산종로기획파, 산빅토리파
제주도	유탁파, 산지파, 땅벌파

3. 연구조사 참여자 약어표

경찰 / 검사

성명	직업	지위	도시
김정길	법무부 장관	퇴직	서울
김홍일	검사	부장검사/마약조직범죄부	서울
김영진	검사	고등검사/조직범죄부	
이성윤	부장검사	마약조직범죄부	인천
김태권	검찰관	마약조직범죄부	인천
박동인	검찰관	마약조직범죄부	인천
채용재	경찰관	조직폭력부장	서울
안형진	경찰관	조직폭력부장(퇴직)	서울
표창원	교수	경찰대학	용인
다니가와 구니토모	경찰관	일본 경시청/서울 주재 연락 담당자	서울
도가시 스스무	경찰관	일본 경시청/서울 주재 연락 담당자	서울
R1	기자	비공개	서울
경찰관1	경찰관	강력계	서울
경찰관2	경찰관	강력계	서울
경찰관3	경찰관	강력계	서울
경찰관4	경찰관	강력계	서울
경찰관5	경찰관	강력계	서울
경찰관6	경찰관	강력계	안산
경찰관7	경찰관	강력계	안산
경찰관8	경찰관	조직범죄부	부산
경찰관9	경찰관	조직범죄부	부산

건달: 집단 A

성명	직업	지위	도시
집단 A 건달1	건달(부동산 개발/기획)	두목	서울
집단 A 건달2	건달(건설)	부두목	서울
집단 A 건달3	건달(유흥)	부두목	서울
집단 A 건달4	전 건달(건설)	전 부두목	서울
집단 A 건달5	전 건달(지역 정치 조직자)	전 부두목	서울/전주
집단 A 건달6	전 건달(소규모 사업체 운영)	고문	서울
집단 A 건달7	전 건달(정치 조직자)	고문	서울
집단 A 건달8	전 건달(도박 및 고리대금)	전 집행자	서울/안산
집단 A 건달9	건달(주유소, 부동산 투기)	행동대장	서울/경기
집단 A 건달10	건달(주유소, 건설)	행동대장	서울
집단 A 건달11	건달(건설)	행동대장	서울

건달: 집단 B

성명	직업	지위	도시
집단 B 건달1	건달(유흥, 기술)	두목	서울
집단 B 건달2	건달(비공개)	부두목	서울
집단 B 건달3	건달(유흥)	부두목	서울
집단 B 건달4	전 건달(스포츠 단체장)	부두목	서울/전주
집단 B 건달5	전 건달(안마 시술소/룸살롱/매춘)	전 부두목	서울
집단 B 건달6	전 건달(비공개)	고문	서울

건달: 집단 C

성명	직업	지위	도시
집단 C 건달1	건달(비공개)	두목	포항
집단 C 건달2	건달(나이트클럽 사장)	행동대장	포항
집단 C 건달3	건달(호스티스 바 사장/매춘)	행동대장	포항
집단 C 건달4	건달(건설)	두목	수원
집단 C 건달5	건달(비공개)	행동대장	부산
집단 C 건달6	건달(비공개)	행동대장	부산
집단 C 건달7	건달(비공개)	행동대장	전주
집단 C 건달8	건달(비공개)	행동대장	전주
집단 C 건달9	전 건달(정치인의 경호원 및 운전사)	행동대장	전주
집단 C 건달10	전 건달(타투 아티스트)	행동대장	전주

강제 철거

성명	직업	지위	도시
피해자1	NGO 직원	NGO 대표	서울
피해자2	NGO 직원	NGO 부대표	서울
피해자3	비공개		서울
피해자4	비공개		서울
피해자5	비공개		서울
피해자6	비공개		서울
피해자7	비공개		서울

노점상

성명	직업	지위	도시
노점상1	노점상		서울
노점상2	노점상		서울
노점상3	노점상		서울
노점상4	노점상		서울
노점상5	노점상		서울
노점상6	노점상		서울

주석

1장. 서론

1　주목할 만한 예외로는 다음이 있다. E. D. Arias, *Drugs & Democracy in Rio de Janeiro : Trafficking, Social Networks, and Public Security* (Chapel Hill: University of North Carolina Press, 2006); D. H. Stark, *The Yakuza: Japanese Crime Incorporated* (Ph.D. Dissertation, University of Michigan, 1981); F. Varese, *The Russian Mafia: Private Protection in a New Market Economy* (New York: Oxford University Press, 2001); V. Volkov, *Violent Entrepreneurs: The Use of Force in the Making of Russian Capitalism* (Ithaca: Cornell University Press, 2002).

2　대만의 범죄 집단과 정치 집단의 광범위한 관계에 대해서는 Ko-lin Chin의 탁월한 연구인 *Heijin: Organized Crime, Business, and Politics in Taiwan* (New York: M. E. Sharpe, 2003)을 보라.

3　권종범은 민주화의 여파로 변화된 경찰의 전술을 설명하고자 이 주장을 사용한다. J. B. Kwon, "Exorcizing the Ghosts of Kwangju : Policing Protest in the Post-authoritarian Era," in G.-W. Shin & P. Y. Chang (Eds.), *South Korean Social Movements : From Democracy to Civil Society* (New York: Routledge, 2011).

4　H. Koo, "Strong State and Contentious Society," in H. Koo(Ed.), *State and Society in Contemporary Korea* (Ithaca: Cornell University Press, 1993), pp. 231~249.

5　이것이 정치 행위를 이해하고자 '능력의 논리'와 '규범적 논리'를 이용하는 첫 연구는 아니다. 메롬은 민주주의 국가들이 소규모 분쟁에서 실패하는 이유, 즉 국내의 자유주의 사회 [세력]의 처벌이 두려워 승전하는 데 필요한 폭력 및 잔혹한 행위를 효과적으로 수행하지 못하는 이유를 설명하고자 이 틀을 계발했다. 더 니건은 특히 국제 분쟁에서 국내의 반대 세력을 피하고자, 즉 잠재적 정치적 반격을 피하고자 초국적 민간 군사 기업들에게 하청하는 현상을 연구하면서 이

주장을 확장한다. 그러나 내가 알기로 이 틀이 국가 행위자들이 국내적 환경에서 다양한 민간 경비 집단들과 협력하게 하는 조건을 이해하는 데는 사용된 적이 없다. G. Merom, *How Democracies Lose Small Wars: State, Society, and the Failures of France in Algeria, Israel in Lebanon, and the United States in Vietnam* (New York: Cambridge University Press, 2003); M. Dunigan, *In the Company of Soldiers: Private Security Companies' Impact on Military Effectiveness* (Ph.D. Dissertation, Cornell University, 2008).

2장. 국가와 국가 권력: 이론적 고찰

1 다음의 예를 보라. 토머스 홉스, 『리바이어던』; M. Weber, *From Max Weber: Essays in Sociology* (New York: Oxford University Press, 1946); D. C. North, *Structure and Change in Economic History* (1st ed.)(New York: Norton, 1981); M. Levi, *Of Rule and Revenue* (Berkeley: University of California Press, 1989); M. Olson, *Power and Prosperity : Outgrowing Communist and Capitalist Dictatorships* (New York: Basic Books, 2000).

2 R. Bates, A. Greif & S. Singh, "Organizing Violence," *Journal of Conflict Resolution* 46(5), 2002, p. 61.

3 Charles Tilly, "War Making and State Making as Organized Crime," in p. B. Evans, D. Rueschemeyer, T. Skocpol(Eds.), *Bringing the State Back In* (New York: Cambridge University Press, 1985).

4 다음의 예를 보라. C. Tilly, 같은 책; D. C. North, 같은 책.

5 L. Ryter, *Youth, Gangs, and the State in Indonesia* (Ph.D. Dissertation, University of Washington, 2002).

6 C. Tilly, 같은 책, p. 175.

7 다음의 예를 보라. J. E. Thomson, *Mercenaries, Pirates, and Sovereigns : State-building and Extraterritorial Violence in Early Modern Europe* (Princeton: Princeton University Press, 1994).

8 C. Tilly, 같은 책, p. 175.

9 E. M. Siniawer, *Ruffians, Yakuza, Nationalists: The Violent Politics of Modern Japan, 1860-1960* (Ithaca: Cornell University Press, 2008).

10 　특히, 다음의 예를 보라. B. Campbell & A. D. Brenner, *Death Squads in Global Perspective : Murder with Deniability* (New York: St. Martin's Press, 2000); E. D. Arias, 같은 책; J. Auyero, *Routine Politics and Violence in Argentina : The Gray Zone of State Power* (New York: Cambridge University Press, 2007); J. Mazzei, *Death Squads or Self-defense Forces? : How Paramilitary Groups Emerge and Challenge Democracy in Latin America* (Chapel Hill: University of North Carolina Press, 2009).

11 　다음의 예를 보라. H. McDonald & J. Cusack, *UDA : Inside the Heart of Loyalist Terror* (Dublin: Penguin Ireland, 2004); J. O'Brien, *Killing Finucane: Murder in Defense of the Realm* (Dublin: Gill & Macmillan, 2005).

12 　예를 들어 국내의 합법적 환경에서 무력 시장의 민간 행위자들은 계약, 구제, 소유권 등을 보장하거나 집행할 때 사용된다. 즉 국가의 역할이 본질상 재판으로 제한되는 영역에서 사용되는 것이다. 다른 예로는 유급 정보원, 현상금 사냥꾼, 혹은 공공장소에 민간 경비를 사용하는 것이다. 국제적 예로는 용병과 기타 불법 사략선원들을 사용하던 것을, 합법적으로 허가받은 전문 민간군사기업을 주로 이용하게 된 것이다.

13 　캠벨과 브레너는 이렇게 말한다. "현대 국가는 하청을 주는 관습이 있는데, 법을 위반함으로써 혹은 폭력의 독점권을 양보함으로써 국가의 정당성이 약해질 위험이 있는 상황에서조차 하청을 주기도 한다." B. Campbell & A. D. Brenner, 같은 책, p. 17.

14 　그런데 또 다른 문제는 흔히 국가 혹은 국가 행위자가 합법적 집단에 무력을 하청하면 그들은 맡은 일을 처리하고자 불법적 수단들을 이용한다는 것이다.

15 　아예로는 이를 "국가 권력의 회색 지대", "범죄를 저지르는 이들과 추측컨대 그들을 통제하려는 이들의 활동들이 통합되는 지점"으로 규정한다. J. Auyero, 같은 책, p. 32.

16 　D. C. Smith, "Paragons, Pariahs, and Pirates : A Spectrum-Based Theory of Enterprise," *Crime & Delinquency* 26(3), 1980, pp. 335~336.

17 　J. E. Thomson, 같은 책, p. 22.

18 　D. D. Avant, *The Market for Force : The Consequences of Privatizing Security* (New York: Cambridge University Press, 2005), p. 22.

19 　D. Gambetta, *The Sicilian Mafia : The Business of Private Protection* (Cambridge: Harvard University Press, 1993), p. 19.

20 같은 책, pp. 79~80.

21 같은 책. 다음도 보라. V. Volkov, 같은 책; F. Varese, 같은 책; C. J. Milhaupt & M. D. West, "The Dark Side of Private Ordering: An Institutional and Empirical Analysis of Organized Crime," *University of Chicago Law Review*, 67(1), 2000, pp. 41~98.

22 다음의 예를 보라. J. J. Bailey & R. Godson (Eds.), *Organized Crime & Democratic Governability : Mexico and the U.S.-Mexican Borderlands* (Pittsburgh: University of Pittsburgh Press, 2000); E. Buscaglia & J. van Dijk, "Controlling Organized Crime and Corruption in the Public Sector," *Forum on Crime and Society* 3(1/2), 2003, pp. 3~34; J. Van Dijk, "Mafia Markers : Assessing Organized Crime and Its Impact upon Societies," *Trends in Organized Crime* 10, 2007, pp. 39~56.

23 L. Curzio, "Organized Crime and Political Campaign Finance in Mexico," in J. J. Bailey & R. Godson (Eds.), 같은 책, p. 84.

24 E. D. Arias, 같은 책.

25 F. Varese, 같은 책.

26 *The Economist*, April 24, 1993. 이는 G. Fiorentini & S. Peltzman, *The Economics of Organized Crime* (New York: Cambridge University Press, 1995)에서 전제된 내용이다.

27 G. Falcone & M. Padovani, *Men of Honour : The Truth about the Mafia* (London: Fourth Estate, 1992), p. 137; H. Hess, *Mafia & Mafiosi : Origin, Power, and Myth* (New York: New York University Press, 1998), p. 195에서 재인용.

28 범죄 집단과 정치 집단 사이의 협력/공생 관계의 예는 어렵지 않게 찾을 수 있다. 예컨대 힐은 일본의 조직범죄에 관한 연구에서 조직범죄 집단과 경찰의 공생 관계를 시사하는 증거를 제시하면서 그런 집단들이 경찰 영역인 '치안 유지(police)에' 이용됐고 그들이 다양한 반정부 운동의 반관(半官) 억압자로서 [경찰을] 대행하는 예는 수없이 많다고 말한다. p. B. E. Hill, *The Japanese Mafia : Yakuza, Law, and the State* (New York: Oxford University Press, 2003). 혁명 전 중국과 관련해 부스는 국민당 정부가 공산주의 봉기들을 억압하고자 마피아 유형의 다양한 집단들을 이용했고 그 예로는 상하이 곳곳에서 수천 명이 살육된 악명 높은 1927년 백색테러가 있다고 설명한다. M. Booth, *The Dragon*

Syndicates : The Global Phenomenon of the Triads (New York: Carroll & Graf, 2000). 범죄 집단과 국가의 협약에 관한 비슷한 설명과 증거는, 시칠리아의 마피아와 국가 관계에 관한 블록의 영향력 있는 연구에도 나온다. 그는 국가 행위자들이 마피아 조직들을, 강도를 막고 [정부] 반대자들을 억압하는 데 사실상 활용한다고 주장한다. A. Blok, *The Mafia of a Sicilian Village, 1860-1960 : A Study of Violent Peasant Entrepeneurs* (Oxford: Blackwell, 1974).

29   T. C. Schelling, *Choice and Consequence* (Cambridge: Harvard University Press, 1984).

30   베커는 법 집행과 예산 제약 문제가 근래의 정부 축소와 민간 영역 확장보다 심각하다고 주장한다. 그에 따르면 법 집행이 성공할수록 그 비용은 점차 증가하고 효율은 떨어진다. 이 논리는 두 변수에 달려 있다. 즉 공공 집행 예산과 (화폐적 측면에서) 범죄가 사회에 끼치는 피해가 그것이다. 적발과 집행에 성공하려면 인력 및 기술에 점점 더 많은 투자를 해야 한다. 투자가 많을수록 성공률도 커진다. 적발과 집행을 더 성공적으로 할수록 범죄가 사회에 끼치는 총 피해는 줄어들지만 그 비용이 (본질적으로 [개별적인] 개인이나 사업은 아니지만) 사회 전체에 대한 피해보다 커지는 지점에까지 이른다. 달리 말해 집행이 성공할수록 수익은 체감되는 것이다. 집행에 따라 수익이 체감되고 예산 제약도 있다면 국가 행위자들은 집행의 최적 수준은 얼마인가라는 질문을 할 수밖에 없다. 이 질문에 대한 전략적 답은 분명 범죄 자체의 본질에 달려 있다. 예를 들어 약탈적 범죄와 비약탈적 범죄를 구별해 효과적인 집행 수준을 [판단하고] 선택하는 것이다. G. Becker, "Crime and Punishment : An Economic Approach," *The Journal of Political Economy* 76, 1968, pp. 169~217.

31   셸링의 분석을 토대로 셸렌타니 등은 그런 협력 모델들이 어떻게 작동하는지에 관해 게임이론적 틀을 제안한다. 저자들에 따르면 국가 행위자들은 엄격한 억압 정책이 아니라 선별적 집행을 통해 범죄 조직의 잠재적 비용을 (또한 추정되는 부정적 외부 효과들도) 줄이는 전략들을 고안할 수 있다. 국가 행위자들은 국가의 이익에서 벗어나는 행위를 하면 개입한다고 위협할 수 있다(그리고 실제로 개입할 수도 있다). 그 가능한 방법으로는 [국가의 이익을] 위반한 집단에 직접 개입하거나 경쟁 조직과 함께 일하거나 아니면 그 둘 다를 하는 것이다. 요컨대 저자들이 제시하는 게임은 반복적인 공모와 개입이라는 암묵적 하청 모델이다. 나아가 그것은 폭력의 공공 자원과 민간 자원의 협력/보충 관계의 틀이기도 하다. M. Celentani, M. Marrelli & R. Martina, *Regulating the Organized*

Crime Sector (New York: Cambridge University Press, 1995).

32 수직적 통합 대 수평적 통합과 관련한 주제와 일반적인 국가 하청에 대한 유익한 논의는 다음을 보라. R. H. Coase, "The Nature of the Firm," *Economica-New Series* 4(16), 1937, pp. 386~405; O. E. Williamson, *Markets and Hierarchies, Analysis and Antitrust Implications : A Study in the Economics of Internal Organization* (New York: Free Press, 1975); J. D. Donahue, *The Privatization Decision : Public Ends, Private Means* (New York: Basic Books, 1989); Cooley, A. & Spruyt, H., *Contracting States : Sovereign Transfers in International Relations* (Princeton: Princeton University Press, 2009).

33 J. S. Migdal, *Strong Societies and Weak States : State-Society Relations and State Capabilities in the Third World* (Princeton: Princeton University Press, 1988), p. 4.

34 S. Haggard & C. Moon, "The State, Politics, and Economic Development in Postwar South Korea," in H. Koo (Ed.), 같은 책.

35 G. Merom, 같은 책.

36 G. Merom, 같은 책.

37 메롬은 국제적 갈등을 분석 단위로 이용하기는 하지만, 이를 국내적 환경에도 쉽게 적용할 수 있다. 미국의 '마약과의 전쟁'이 한 예다. 전쟁 '승리'라는 공통의 목표가 있는데, 승리에 필요해 보이는 강제력 및 자원의 양과 사회의 자유주의 세력이 용인/수용하는 폭력 수준에 대한 국가 행위자들의 견해들 사이에 규범적 차이가 있다고 가정해보자(예컨대 공통의 목표를 획득하기 위한 수단들에 대한 견해가 다른 경우). 국가 행위자들(이 예에서는 정책 입안자들)은 사회로부터 처벌을, 그 처벌이 선거 결과든 평판이든 다른 부정적 결과든, 받을지도 모른다는 두려움에 [선택에] 제약을 받을 수 있다.

3장. 한국의 무력 시장: 사법부에서 경찰, 국정원까지

1 경찰 외에도 중앙정보부가 1961년에 설립됐고 사실상 통제되지 않는 경찰권이 주어졌다.

2 최종고, *Law and Justice in Korea: South and North*, 서울대학교출판부, 2005, p. 250.

3   T. Ginsburg, "Introduction: The Politics of Legal Reform in Korea," in T. Ginsburg (Ed.), *Legal reform in Korea* (New York: Routledge Curzon, 2004), p. 10.

4   같은 글, p. 11.

5   K. Cho, "The Unfinished 'Criminal Procedure Revolution' of Post-Democratization South Korea," *Denver Journal of International Law and Policy* 30(3), 2002, p. 386.

6   같은 글, p. 386.

7   검사 혹은 경찰은, 용의자가 종신형, 사형, 혹은 3년 이상의 형에 처해질 수 있는 범죄를 저질렀다는 합리적인 믿음이 드는 사건에서는 구속영장 없이 용의자를 체포할 수 있다. 또한 용의자가 증거를 인멸하거나 도주할 수 우려가 있을 경우, 긴급해 판사에게서 영장을 받을 수 없을 경우에도 그러하다. Kim Y.-C, "The Effective System of Criminal Investigation and Prosecution in Korea". Paper presented at the Effective Administration of the Police and the Prosecution in Criminal Justice, 2001, p. 81.

8   같은 글, p. 80.

9   B. Moon & M. Morash, "Policing in South Korea: struggle, challenge, and reform," in S. M. Hinton & T. Newburn (Eds.), *Policing Developing Democracies* (New York: Routledge, 2009), p. 105.

10   경찰청 누리집 http://www.police.go.kr

11   B. Moon & M. Morash, 같은 글, pp. 109~112.

12   C. Pyo, "Policing: The Present and Future," *Crime and Justice International* 17(51), 2001, p. 27.

13   아마쿠다리는 퇴직 관료가 '하늘로부터 내려와' 민간의 고임금 일자리를 차지하는 일본의 관행을 말한다. 이 관행은 대개 고위 관료와, 정책에 영향을 끼치려는 민간 이해관계자 사이에 부패 고리가 형성될 가능성을 증가시킨다고 비판받는다.

14   J. K.-c. Oh, *Korean Politics : The Quest for Democratization and Economic Development* (Ithaca: Cornell University Press, 1999), pp. 52~53.

15   같은 책, pp. 52~53.

16   P. Y. Chang, *Protest and Repression in South Korea (1970-1979): The Dialectics of Movement Emergence and Evolution* (Ph.D. Dissertation, Stanford

University, 2008), pp. 119~120.

17   G. Henderson, *Korea, The Politics of the Vortex* (Cambridge: Harvard University Press, 1968), p. 264. [한국어판: 그레고리 헨더슨, 『소용돌이의 한국정치』, 이종삼·박행웅 옮김, 한울, 2013.] B. Cumings, *Korea's Place in the Sun: A Modern History* (New York: W.W.Norton, 1997), p. 356에서 재인용. [한국어판: 브루스 커밍스, 『브루스 커밍스의 한국현대사』, 이교선 외 옮김, 창비, 2001.]

18   G. Henderson, 같은 책, p. 264.

19   B. Cumings, *Korea's Place in the Sun*, p. 357.

20   K. Cho, 같은 글, pp. 377~380.

21   같은 글, p. 386.

22   T. Ginsburg, 같은 글, p. 11. 다음도 보라. D. T. Johnson, "Legal reform in Korea," in T. Ginsburg (Ed.), 같은 책, p. 12.

23   B. Moon & M. Morash, 같은 글, p. 111.

24   C. Pyo, 같은 글, p. 7.

25   B. Moon & M. Morash, 같은 글, pp. 108~110.

26   C. Pyo, 같은 글, p. 7.

27   B. Moon & M. Morash, 같은 글, p. 113.

28   H. B. Im, "Faltering Democratic Consolidation in South Korea : Democracy at the End of the 'Three Kims' Era," *Democratization* 11(5), 2004, p. 183.

29   같은 글, p. 183.

30   박원선, 『부보상(負褓商): 한국상법사상의 행상제도연구』, 한국연구원, 1965, 1쪽.

31   같은 책.

32   같은 책.

33   G. Henderson, 같은 책, p. 52.

34   박원선, 같은 책, 1쪽.

35   《경향신문》, 1956~1957; G. Henderson, 같은 책, p. 234에서 재인용.

36   S. Lee, "Organized Crime in South Korea," *Trends in Organized Crime* 9(3), 2006, p. 65.

37   대통령소속의문사진상규명위원회 1차 영문보고서, 2004, p. 219.

38   박정희 행정부가 외양적 민주주의를 주장했지만, 남한은 1961년과 1971년 사

이 모든 면에서 분명히 매우 반자유주의적인 정치체였고 1972년 유신헌법이 통과된 후로는 철저한 권위주의 국가였다. 예컨대 장윤식에 따르면 분리 독립된 행정부, 입법부, 사법부 같은 다양한 민주적 기관이 있었고 선거들도 있었지만 1971년 박정희의 삼선과 더불어 외양적 민주주의 지배는 사실상 종식됐다. P. Y. Chang, 같은 책, p. 28.

39 그런 초기 활동과 관련해 [내 설문조사의] 한 응답자는 박정희가 질서, 즉 전 행정부들이 대개 세우지 못한 질서를 세우려 하는 한편 동시에 자신의 지위에 대한 잠재적 위협들의 기반을 약화하려 했다고 말했다.(경찰관 1)

40 B. Cumings, *Korea's Place in the Sun*, p. 338.

41 대통령소속의문사진상규명위원회 1차 영문보고서, 2004, p. 219.

42 같은 책, pp. 219~223. 다음도 보라. N. Lee, *The Making of Minjung : Democracy and the Politics of Representation in South Korea* (Ithaca: Cornell University Press, 2007), pp. 46~47. [한국어판: 이남희, 민중 만들기: 한국의 민주화운동과 재현의 정치학, 유리, 이경희 옮김, 후마니타스, 2015.]

43 대통령소속의문사진상규명위원회 1차 영문보고서, 2004, pp. 211~212쪽.

44 E. Mobrand, *Internal Migration and State Retreat in Chinese and South Korean Industrialization* (Ph.D. Dissertation, Princeton University, 2006), p. 128.

45 같은 책, p. 128.

46 예컨대 삼청 재교육 정책에 관해 말하면 군경은 체포된 사람을 네 집단으로 분류하는 일을 했다. A집단은 체포해 투옥했다. B집단은 한 달간 정화 캠프에 보낸 뒤 추가로 몇 달 동안 강제 노동을 시켰다. C집단은 '재교육' 이후 강제 노동 없이 정화 캠프에 보냈다. 마지막으로 D집단은 훈방됐다. 말할 필요도 없이 이로 인해 경찰은 자신들이 표적으로 삼은 이들에게 상당한 '영향력'을 행사할 수 있게 됐다. 같은 책, pp. 220~221.

47 B. Cumings, *Korea's Place in the Sun*, p. 338.

48 L. K. Davis, *Housing, Evictions and the Seoul 1988 Olympic Games* (Mega-Events, Olympic Games and Housing Rights Project, COHRE, 2007), p. 27.

49 한국형사정책연구원의 2002년 보고서에 따르면 한국의 유흥 산업이 모든 이익을 불법 활동으로 얻는 것은 아니었지만 79퍼센트가 불법 성 서비스를 제공했다. J. Kim, "Korea's New Prostitution Policy: Overcoming Challenges to Effectuate the Legislature's Intent to Protect Prostitutes from Abuse," *Pacific*

Rim Law & Policy Journal 16(2), 2007, p. 498에서 재인용.

50   1976년에 용역경비업법으로 합법화된 민간 경비 산업은 불법 집단들이 들어갈 미개척의 합법 시장이 되었다. 이 주제는 사례 연구인 다음 장들에서 더 논의한다.

51   S. Lee, 같은 글, pp. 65~66. 다음도 보라. Y. S. Jung, "Organized Crime in Contemporary Korea: International implications," *International Journal of Comparative and Applied Criminal Justice, 21*(1), 1997, p. 91.

52   J.-k. Kang, "Police on Knife's Edge over Funeral of Ex-crime Boss," *Korea Joongang Daily*, 2013-01-07.

53   흥미로운 예를 하나 들면, 나는 강남에 위치한 한 깡패의 아파트에(그가 주로 거주하는 곳은 아니었다) 초대된 적이 있다. 그가 온몸에 한 문신을 보기 위해서였다. 세탁실에는 큰 양동이 두 개에 단검들이 가득 있었다. 보통 자신들의 영역 곳곳, 하급 및 중급 깡패의 숙소와 사무실에 무기들이 그렇게 비축되어 있다고 그는 설명했다. 경쟁관계에 있는 조직들 사이의 폭력은 1960년대에서 1990년대에 이르며 크게 줄었지만, 깡패들은 여전히 만일에 대비해 언제고 그런 연장들을 쉽게 꺼내 쓸 수 있도록 준비해야 했다.

54   「조직폭력 범죄의 실태에 관한 조사연구」, 한국형사정책연구원, 2006.10., 121쪽.

55   매춘 관련 주제들을 잘 개관한 것은 다음을 보라. Kim J., 같은 글.

56   다음의 예를 보라. C. M. Lee, "Accounting for Rapid Growth of Private Policing in South Korea," *Journal of Criminal Justice* 32(2), 2004, pp. 113~122; K. M. Nalla & E.-G. Hwang, "Relations between Police and Private Security Officers in South Korea," *Policing: An International Journal of Police Strategies & Management* 29(3), 2006, pp. 482~497.

57   J. M. Glionna, "S. Korean Errand Men Operate in Shadows," *Los Angeles Times*, 2001-06-26.

58   한국의 법은 한국법제연구원 누리집에서 확인할 수 있다. http://elaw.klri.re.kr

59   내가 듣기로 한 가지 예외는 칠성파(네 일당으로 구성된 집단으로 부산 전역에서 활동)였다. 칠성파는 자신들과 함께 상당히 큰 사업을 하는 일본의 범죄 집단과 많이 닮았다.

60   달리 말해 그들은 좀처럼 범죄 활동에 **직접** 개입하지 않고 그래서 그 결과의 책임을 피할 수 있다.

61   한국에서는 경찰과 조직폭력 집단원 모두 무술이 중심인 체육 학위를 따는 경향이 있다.

62   S. S. Harrison, "Is South Korea Going to be the Next Philippines?," *The Washington Post Sunday*, 1987-01-25.

63   두목 행사는 참여할 수 있는 이들이 제한적이지만 결혼식이나 기념식 같은 행사에는 엄청나게 많고 다양한 행위자들이 참석한다. 전주에서 열린 한 결혼식에 초대받은 적이 있다. 그곳에서는 대기업 직원, 성직자, 정치인, 경찰과 검사, 조직폭력배를 비롯해 광범위한 인맥의 사람들이 모여 교류했다. 보통 때는 문화적 배경이 달라 서로 만나기 힘든 사람들이 그런 행사들에서는 꽤 쉽게 서로 만날 수 있다.

64   나는 그런 사회 지원 정책들이 실제로 시행되는지는 확인할 수 없었다.

65   경찰은 흔히 암흑가의 인물들과 일상적으로 접촉하기에 그들의 관계는 범죄 집단과 검사의 관계보다 훨씬 긴밀한 경향을 보인다.

66   대개 그런 영향력을 명백히 파악하기란 쉽지 않다. 예를 들어 내가 접촉한 두 깡패는 사실상 동일한 환경에서 동일한 범죄를 저질렀다. 두목의 기분을 크게 상하게 한 부두목을 지시에 따라 살해한 사건이었다. 두 깡패는 기소됐다. 그런데 한 사람은 5년형을 받았고 한 사람은 15년형을 받았다. 5년형을 받은 사람은 조직의 강력한 사법적 지지를 받았다고 한다. 정상 참작 요인은 아주 많기 때문에 검사가 부당 위압을 부인하는 것은 꽤 쉬울 것이다. 살인이 드물게 발생하기는 하지만 그럴 유인이 생기면 실제로 발생한다는 것에 주목해야 한다.

4장. 국가 추구자, 민족주의자, 불법 무장 단체: 대한민국의 시작

1   맥큔은 1946년 1월까지, 즉 미군이 남한을 통치한 다섯 달 동안 일본 식민지 행정 관리 7만 명 중 60명만 남아 있었다고 지적한다. G. M. McCune, *Korea Today* (London: Allen & Unwin., 1950), p. 48.

2   김봉진이 인용하는 국방부 보고서의 추산에 따르면 1945년과 1948년 사이 북한에서 물밀듯이 밀려온 피난민은 80만 3000명이다. B. J. Kim, "Paramilitary Politics under the USAMGIK and the Establishment of the Republic of Korea," *Korea Journal* 43(2), 2003, p. 293.

3   G. Henderson, 같은 책, p. 139.

4   1990년작 영화 〈장군의 아들〉은 김두한을 한국 상인들을 보호하는 인물로 낭만적으로 묘사한다. 하지만 그가 일본 식민 정부와 협력했다는 사실은 빼놓았다.

5   미군 방첩대 보고서, p. 93. "도시 갱단"에 대해 헨더슨은 이렇게 평한다. "혈기는 있으나 직장이 없는 젊은이들이 그때 그때의 복종과 충성을 요구하는 두목 밑으로 자진해서 들어갔다. 두목들은, 이런 비한국적인 특성과 깡패라는 호칭의 천박함에 대해 빈정대는 표시로 '아오마쓰(青松)'와 같은 일본식 이름으로 불리는 경우가 많았다. 각 두목들은 돌발적인 사태에 대처하기에 적당한 엄격한 위계질서와 함께 심복의 부하를 두며, 그 아래 계급에 따라 여러 부하들이 있다. 두목들은, (김두한 의원의 경우처럼) 정치가와 결탁해 보호를 받는 대신 암살을 청부받는 자, (노덕술과 같은) 전직 경찰간부와 내통하거나 시장의 특정 단체들과 결탁해 이권에 개입하는 자 등이 있었다. 공갈 협박 전문가로서 시장 바닥이나 어떤 사람의 이웃 관계를 면밀히 알고 있다는 것은 독재정치의 요긴한 도구가 될 수 있는 요건이다." G. Henderson, 같은 책, p. 233.

6   미군 방첩대 보고서, p. 76.

7   G. Henderson, 같은 책, pp. 139~142.

8   같은 책, p. 202. 물론 좌우익으로 나뉜 집단 내부에서도 분열이 있었다. 예를 들어 우익 진영 내부도 애국자와 부역자로 분열됐다. B. Cumings, *Korea's Place in the Sun*, p. 198.

9   G. Henderson, 같은 책, p. 75.

10   일본인 밑에서 복무한 이들 중 약 85퍼센트가 경찰직을 그대로 유지했다. 같은 책, p. 143.

11   E. G. Meade, *American Military Government in Korea* (New York: King's Crown Press, 1951), p. 119.

12   좌파 성향에 정치적으로 온건한 인물이었던 여운형은 광복 이후에만 10여 차례의 암살 시도를 받을 만큼 수많은 정치테러를 겪은 끝에 1947년 7월에 한지근의 총에 맞아 암살되고 말았다. 여운형이 이승만과 우익들에게 위협이 되는 정치권력 가운데 한 명이었기 때문에 우익 측에서 암살을 꾸몄을 것이라는 추측은 있지만, 암살 배후는 정확히 밝혀지지 않았다. 커밍스에 따르면 암살 장소가 파출소에서 가까웠지만 경찰은 암살범을 체포하려는 어떤 시도도 하지 않았다. 1987년, 커밍스가 여운형의 딸과 면담하며 들은 바에 따르면 당시 수도경찰청장 장택상이 살인을 지시했다고 한다. B. Cumings, *Korea's Place in the Sun*, p. 209.

13   E. G. Meade, 같은 책, p. 55.

14   B. J. Kim, 같은 글, pp. 291~292.

15   1945년과 1948년 사이 남한의 미군정 사령관이었던 하지 중장은 이렇게 공언
하기까지 했다. "조선인민공화국은, 그들이 스스로를 어떻게 부르든 상관없이,
어떤 의미에서든 '정부'가 아님을 발표하는 것이 대중의 이해를 위해 필요하다
고 생각합니다. …… 나는 오늘 내가 이끄는 점령군과 군정에 지시를 내렸습니
다. 어떤 정치 조직도 정부로서 활동하려 한다면 불법 활동으로 간주된다고 말
입니다." *Chukan Digest* [주간다이제스트, 미군정청 발간 무료신문], No. 11,
December 29, 1945; G. M. McCune, 같은 책, pp. 49~50에서 재인용.

16   B. Cumings, *Korea's Place in the Sun*, pp. 190, 192.

17   B. J. Kim, 같은 책, pp. 293~294.

18   G. Henderson, 같은 책, p. 141.

19   같은 책, pp. 142~143.

20   E. G. Meade, 같은 책, p. 163.

21   G. Henderson, 같은 책, pp. 140~141.

22   그런데 미군 방첩대 보고서에 따르면 대한민청의 조직원 김영태는 살인을 자백
하고 7년형을 받았다. 미군 방첩대 보고서, p. 95.

23   미군 방첩대 보고서는 이렇게 언급한다. "이 사건에서 미군 방첩대는 범죄를 자
백한 이들의 처벌을 받아내고자 큰 노력을 기울였고, 이와 동시에 미국의 경쟁
자 공산주의이기도 한 적과 싸웠다"(p. 93).

24   같은 책, pp. 92~96.

25   같은 책, p. 157. 헨더슨은 이렇게 덧붙인다. "잔혹한 대우는 보통, 공산주의자
로 의심되는 이들과 좌익 선동가들에게 마련되어 있었다. 일부 사례를 보면 극
우주의자들은 체포되었지만 오래 감금되는 일은 드물었다."

26   E. G. Meade, 같은 책, p. 165.

27   J. Kuzmarov, "Police Training, 'Nation-Building,' and Political Repression in
Post-Colonial South Korea," *The Asia-Pacific Journal* 10(27, No. 3), 2012.

28   G. Henderson, 같은 책, p. 234.

29   National Records Center, CIA, "The Current Situation in Korea," ORE 15-48,
March 18 1948; B. Cumings, *Korea's Place in the Sun*, p. 202에서 재인용.

30   R. D. Robinson, *Betrayal of a Nation*, 미발간 원고, 1960, p. 162. 미군 방첩대
보고서에 따르면 현장에서 경찰을 돕던 우익 청년 집단의 존재로 인해 그 파업

은 정치적 문제가 되었다. 미군 방첩대 보고서, p. 76.

31   B. J. Kim, 같은 글, pp. 302~303; R. D. Robinson, 같은 책, p. 162.

32   미군 방첩대 보고서, p. 25.

33   B. J. Kim, 같은 글, pp. 309~314. 치안과 관련해 방첩대는 이렇게 보고했다.
     "방첩대 지역 사무소들은 관할 도시를 나눠 서북청년회, 그 외 우파 청년 집단,
     혹은 지역 경찰 중 믿을 수 있는 이들에게 지역 순찰을 맡기라는 명령을 받았
     다. 이들은 지역의 거의 모든 사람들 하나하나의 활동을 잘 알게 되면서 이내
     낯선 사람을 알아챌 수 있었다. 이런 방식으로 방첩대는 남한 내 사람들의 이동
     을 비공식적으로 계속 확인했다. 또한 방첩대는 의심스러운 사람을 찾아내고자
     여러 다른 피난민 조직들에 정보원을 두었다." 미군 방첩대 보고서, p. 25.

34   미군 방첩대 보고서, p. 113.

35   J. Merrill, *Korea: the peninsular origins of the war* (Newark: University of
     Delaware Press, 1989), p. 157. 메릴에 따르면 남조선노동당의 당원 약 20퍼센
     트가 제주도에 있었고 공산주의자들이 "[제주도] 주민의 약 80퍼센트에게서 동
     조 혹은 활발한 지지를 기대할 수 있었"음을 미국과 남한 자료가 보여준다.

36   B. Cumings, *The Korean War: A History* (1st ed., New York: Modern Library,
     2010), pp. 121~122; J. Merrill, 같은 책, p. 152.

37   J. Merrill, 같은 책, p. 154.

38   B. Cumings, *The Korean War*, p. 124.

39   J. Merrill, 같은 책, p. 186.

40   같은 책, p. 81.

41   같은 책, pp. 167~168; B. Cumings, *Korea's Place in the Sun*, p. 220.

42   B. Cumings, *The Korean War*, p. 132.

43   같은 책, p. 121; H. Deane, *The Korea War 1945-1953* (San Francisco: China
     Books, 1999), p. 37.

44   B. Cumings, 같은 책, p. 124.

45   G. Henderson, 같은 책, p. 141.

46   H. Deane, 같은 책, p. 38; B. Cumings, *The Korean War*, p. 124.

47   G. Henderson, 같은 책, p. 156; J. Merrill, 같은 책, p. 78.

48   C. N. Kim, *The Korean Presidents: Leadership for Nation Building* (Norwalk:
     East Bridge, 2007), p. 52.

49   G. Henderson, 같은 책, pp. 162~163.

50 같은 책, p. 52; B. J. Kim, 같은 글, p. 319.

51 S.-j. Han, *The Failure of Democracy in South Korea* (Berkeley, University of
    California Press, 1974), p. 21.

52 G. Henderson, 같은 책, pp. 166, 257.

53 예를 들어 한승주는 이렇게 쓴다. "다른 선거구에 비해 자유당이 상당히 적은
    표를 받은 선거구의 경찰서장은 해고되거나 원하지 않는 곳으로 전출됐다. 자
    유당의 정치권력이 유권자를 끄는 개인의 인기나 리더십 능력에서 기인한 것이
    아니라 이승만에 잘 복종하는 능력에 기인했다는 것은 특별한 의미가 있다."
    S.-j. Han, 같은 책, p. 25.

54 공보(대한민국 정부 공보), p. 130; G. Henderson, 같은 책, p. 252에서 재인용.
    이 청년 집단은 공식 해산됐지만 현실에서 이승만의 자유당과 여전히 관계를
    맺고 있던 집단들은 비공식적으로 계속 활동했다. 그들이 선거와 반정부 집단
    들에 대한 협박에 계속 개입했다는 증거는 분명하다.

55 S.-j. Han, 같은 책, p. 21.

56 같은 책, p. 27.

57 G. Henderson, 같은 책, pp. 170~172.

58 S.-j. Han, 같은 책, p. 27.

59 G. Henderson, 같은 책, p. 169.

60 S.-j. Han, 같은 책, p. 28.

61 *Korea Report* 1 (October 1961); C. I. E. Kim & K.-S. Kim, "The April 1960
    Student Movement," *Political Research Quarterly* 17(March), 1964에서 재인용.

62 사실 민주당 후보 조병옥이 선거 한 달 전 병사한 것을 고려하면 이승만은 비경
    쟁 선거를 치른 셈이다.

63 G. Henderson, 같은 책, p. 174.

64 Q. Y. Kim, *The Fall of Syngman Rhee* (Berkeley: Institute of East Asian Studies,
    University of California, 1983), p. 5.

65 같은 책, pp. 5~6.

66 G. Henderson, 같은 책, p. 234. 이천파에 대해 헨더슨은 이렇게 지적한다. 이
    천파는 자유당의 후원을 받으며 활동했으며, "그들은 필요시에는 폭력을 쓰는
    수법으로 시장터의 주요 민간 토지에 대해 임대료를 징수해 자유당에 상당한
    금액을 상납하고, 상납액보다 더 많은 금액을 챙기고 나머지를 '소유자'인 광장
    회사에 넘겼다. 이 광장회사는, 이렇게 하는 것이 적어도 더 많은 금액을 강제

징수당하는 것에서 자신을 보호하는 길이라고 생각했다. 보도에 따르면 이 자금은 자유당의 최대 수입원이었다."

67   S.-j. Han., 같은 책, pp. 29~30.

5장. 국가 확장, 시민사회의 발흥, 그리고 전술의 변화: 박정희에서 전두환까지

1   돈 오버도퍼는 박정희의 마음속을 들여다볼 수 있는 다음과 같은 글을 썼다. 1974년, 박정희가 광복 29주년 기념 연설을 하는 도중 표면적으로는 북한과 연계가 있어 보이는 암살범이 박정희를 향해 총을 쐈다. 박정희는 총에 맞지 않았으나 그의 아내와 열여섯 살 소녀 한 명이 총에 맞았다. 몇 분 만에 질서가 회복되었다. 육영수 여사가 병원에 실려 가는 동안(그녀는 병원에서 사망했다) 그 독재자는 연설문을 계속 읽었다. 연설 후 그는 자리에 앉았고, 총에 맞아 사망한 그 열여섯 살짜리 학생이 빠진 고등학교 합창단은 예정된 노래를 불렀다. D. Oberdorfer, *The Two Koreas: A Contemporary History* (Reading: Addison-Wesley, 1997), pp. 47~48. [한국어판: 돈 오버도퍼, 로버트 칼린, 이종길, 『두 개의 한국』, 양은미 옮김, 길산, 2014.]

2   C. N. Kim, 같은 책, p. 94.

3   J. Lie, *Han Unbound : The Political Economy of South Korea* (Stanford: Stanford University Press, 1998), p. 49.

4   E. Mobrand, 같은 책, pp. 124~125.

5   S. Lee, 같은 책, p. 65.

6   대통령소속의문사진상규명위원회 1차 영문보고서, 2004, p. 219.

7   E. Mobrand, 같은 책, p. 124.

8   같은 책, p. 150.

9   J. Woo, *Race to the Swift : State and Finance in Korean Industrialization* (New York: Columbia University Press, 1991), p. 83.

10   같은 책. p. 84.

11   C. N. Kim 같은 책, p. 100.

12   J. Lie, 같은 책, p. 53.

13   C. N. Kim, 같은 책, p. 100.

14   J. Lie, 같은 책, p. 53.

15   같은 책, p. 53. B. Cumings, *Korea's Place in the Sun*, p. 354도 보라.

16   P. Y. Chang, 같은 책, p. 28.

17   김선혁에 따르면 박정희는 권력을 민정에 이양하고 군무로 돌아가겠다는 처음 의 약속을 저버렸다. 그 대신 민간인의 옷을 입고 1963년, 1967년, 1971년 대선 에 출마했다. S.-h. Kim, *The Politics of Democratization in Korea : The Role of Civil Society* (Pittsburgh: University of Pittsburgh Press, 2000).

18   다음도 보라. P. Y. Chang, 같은 책, p. 28.

19   J. Lie, 같은 책, p. 54.

20   P. Y. Chang, 같은 책, p. 1.

21   B. Cumings, *Korea's Place in the Sun*, p. 358.

22   같은 책, p. 363.

23   J. Woo, 같은 책, p. 112.

24   같은 책, pp. 112~113.

25   같은 책, p. 114.

26   B. Cumings, *Korea's Place in the Sun*, p. 364.

27   같은 책, p. 116.

28   국민총생산 증가율과 1인당 국민총생산은 J. K.-c. Oh, 같은 책, p. 62에 나온 한국은행 자료에서 가져온 것이다.

29   같은 책, p. 66.

30   P. Y. Chang, 같은 책, p. 33.

31   같은 책, pp. 33, 46.

32   같은 책, p. 31.

33   G.-W. Shin & P. Y. Chang, "Democratization and the Evolution of Social Movements in Korea," in G.-W. Shin & P. Y. Chang (Eds.), 같은 책, p. 5.

34   J. K.-c. Oh, 같은 책, pp. 71~72.

35   같은 책, pp. 72~73.

36   G. E. Ogle, *South Korea : Dissent within the Economic Miracle* (London: Zed Books, 1990), p. 92.

37   같은 책, p. 92.

38   G. E. Ogle, 같은 책, p. 96.

39   B. Cumings, *Korea's Place in the Sun*, pp. 376~377.

40   같은 책, p. 378. 앞 수치들은 대통령소속의문사진상규명위원회 1차 영문보고

서, pp. 210~211에서 가져왔다. [광주광역시가 2009년에 집계한 결과에 따르면, 사망자가 163명, 부상 뒤 숨진 사람이 101명, 부상자 3139명, 행방불명자가 166명, 구속 및 구금 등의 기타 피해자 1589명, 연고가 확인되지 않은 희생자 5명 등이다.]

41   대통령소속의문사진상규명위원회 1차 영문보고서, p. 211.

42   J. Woo, 같은 책, p. 181.

43   S.-h. Kim, 같은 책, pp. 80~86.

44   같은 책, p. 80.

45   같은 책, p. 81.

46   D. Oberdorfer, 같은 책, p. 162.

47   S.-h. Kim, 같은 책, p. 81.

48   같은 책, p. 82.

49   J. K.-c. Oh, 같은 책, pp. 90~91.

50   같은 책, p. 93.

51   C. W. Park, "Legislative-Executive Relations and Legislative Reform," in L. Diamond & D. C. Shin (Eds.), *Institutional Reform and Democratic Consolidation in Korea* (Stanford: Hoover Institution Press, 2000), pp. 89~90.

52   동일한 관점은 다음을 보라. D. C. Shin, "Mass Politics, Public Opinion, and Democracy in Korea," in S. S. Kim (Ed.), *Korea's Democratization* (New York: Cambridge University Press, 2003), p. 47.

53   S.-h. Kim, "Civic Mobilization for Democratic Reform," in L. Diamond & D. C. Shin (Eds.), 같은 책, pp. 285~286.

54   같은 책, p. 286.

55   같은 책, p. 286.

56   같은 책, pp. 286~287.

57   같은 책, p. 289.

58   J. B. Kwon, 같은 글, p. 60.

59   S.-h. Kim, 같은 글, p. 290.

60   J. B. Kwon, 같은 글, p. 60.

61   H. Koo, "Strong State and Contentious Society," p. 231.

62   같은 글, p. 232.

63   G.-W. Shin & P. Y. Chang, 같은 글, p. 21.

64   S.-h. Kim, 같은 책, p. 19.

65   같은 책, p. 17.

66   J. J. Choi, "Political Cleavages in South Korea," in H. Koo (Ed.), 같은 책, p. 25.

67   같은 책, p. 26.

68   같은 책, p. 26.

69   H. Koo, "Role of the Labor Movement," in C. K. Armstrong (Ed.), *Korean Society : Civil Society, Democracy, and the State* (New York: Routledge, 2002), pp. 110~111.

70   G.-W. Shin & P. Y. Chang, 같은 글, p. 25.

71   H. Koo, "Role of the Labor Movement," p. 111.

72   P. Y. Chang, 같은 책, p. 38.

73   같은 책, p. 38.

74   H. Koo, "Role of the Labor Movement," p. 113.

75   같은 글, p. 113.

76   G.-W. Shin & P. Y. Chang, 같은 글, p. 25; H. Koo, "Role of the Labor Movement," p. 111; G. E. Ogle, 같은 책, p. 108.

77   G. E. Ogle, 같은 책, p. 108.

78   J. J. Choi, 같은 책, p. 34.

79   S.-h. Kim, 같은 책, p. 63.

80   같은 책, pp. 64~65.

81   예컨대 앞서 언급한 노동 문제에 대한 학생들의 관여는 여전히 진행 중이었다. 구해근(2002)이 오글의 추산을 인용한 것에 따르면 1980년대 중반에 약 "3000명의 학생이 위장 취업을 하고" 있었다. H. Koo, "Role of the Labor Movement," pp. 113~114.

82   S.-h. Kim, 같은 책, pp. 78~79.

83   같은 책, pp. 80~83.

84   같은 책, pp. 83~84, 86. 민통련이 그리 오래가지는 않았지만, 민통련은 다양한 시민사회 집단들 사이의 전국적 협력의 전례가 되었다.

85   같은 책, p. 85.

86   J. J. Choi, 같은 책, pp. 37~38.

87   같은 책, p. 38.

88   J. K.-c. Oh, 같은 책, pp. 113~115.

89   *New York Times*, 그리고 *Washington Post*, 05/12/1991. J. K.-c. Oh, 같은 책, p. 115에서 재인용.

90   같은 책, p. 115.

6장. 강제 철거의 정치: 목동 재개발에서 인사동 노점상 철거까지

1   S.-k. Ha, *Housing Policy and Practice in Asia* (London: Croom Helm, 1987), pp. 92~94.

2   같은 책, pp. 92~94.

3   E. Mobrand, "Struggles over unlicensed housing in Seoul, 1960-80," *Urban Studies* 45(2), 1980, p. 372.

4   E. Mobrand, 같은 책, p. 103.

5   E. Mobrand, 같은 글, p. 376.

6   L. K. Davis, "International Events and Mass Evictions: A Longer View," *International Journal of Urban and Regional Research, 35*(3), 2011, p. 592; E. Mobrand, 같은 글, p. 375, 380.

7   E. Mobrand, 같은 글, p. 379.

8   같은 글, p. 380.

9   같은 글, p. 381.

10   M. Park, "Organizing Dissent against Authoritarianism: The South Korean Student Movement in the 1980s," *Korea Journal* 45(3), 2005, p. 278.

11   G. N. Katsiaficas, *Asia's Unknown Uprisings 1 : South Korean Social Movements in the 20th Century* (Oakland: PM Press, 2012), p. 145. [한국어판: 조지 카치아피카스, 『한국의 민중봉기: 민중을 주인공으로 다시 쓴 남한의 사회운동사 1894 농민전쟁~2008 촛불시위』, 원영수 옮김, 오월의 봄, 2015.]

12   L. K. Davis, 같은 책, p. 19. 다음도 보라. L. K. Davis, 같은 글, pp. 582~599.

13   H. H. Kim, "South Korea Experiences of Evictions in Seoul," in A. Azuela (Ed.), *Evictions and the Right to Housing: Experience from Canada, Chile, the Dominican Republic, South Africa, and South Korea* (IDRC, 1998), p. 206.

14   목동은 세 구역, 즉 목1동, 목2동, 목3동으로 구획됐다.

15   J. Y. Lee, *The Practice of Protest: Three Case Studies in Urban Renewal in Seoul, Korea* (Ph.D. Dissertation, The City University of New York, 1990), p. 126.

16   같은 책, p. 126.

17   같은 책, p. 128.

18   같은 책, p. 143.

19   같은 책, p. 143.

20   같은 책, p. 125. 다음도 보라. L. K. Davis, 같은 책, pp. 24~25; Kim J., *Mobilizing Property-Based Interests: Politics of Policy-Driven Gentrification in Seoul, Korea* (Ph.D. Dissertation, University of Illinois at Chicago, 2010), pp. 82~85.

21   L. K. Davis, 같은 책, p. 24.

22   한국의 주택법에 관한 광범위한 개관은 김지은의 박사학위 논문을 보라. J. Kim, 같은 책.

23   ACHR and the Third World Network, *Battle for Housing Rights in Korea: Report of the South Korea Project of the Asian Coalition for Housing Rights* (Bangkok, 1989), p. 23; L. K. Davis, 같은 책, p. 21에서 재인용.

24   H. H. Kim, 같은 글, p. 207.

25   같은 글, pp. 206~207.

26   같은 글, p. 208.

27   L. K. Davis, 같은 책, p. 14.

28   ACHR, 같은 책, p. 7.

29   그런 폭력은 형법에서 불법으로 명시하고 있으며 민간 경비 회사가 따라야 하는 경비업법에서도 범죄로 규정한다. 예컨대 경비업법 2조 1항에 따르면 경비 회사의 활동은 위험 발생을 방지하는 업무로 그 영역이 제한되어 있고 업무 수행에서도 15조 2항에 의해 과도한 폭력 행사는 금지되어 있다. 그러나 그런 법 규정이 있다고 해도 법 집행은 기껏해야 미약한 수준이고, 허가받은 회사가 법률을 어겨 면허가 취소된 경우에도 단순히 벌금을 내고 다른 회사명으로 등록하는 일이 비일비재하다. 경비업법 전문은 다음 누리집에서 확인할 수 있다. http://www.law.go.kr (경비업법). 다음도 보라. M. Button, H. Park & J. Lee, "The Private Security Industry in South Korea: A Familiar Tale of Growth, Gaps and the Need for Better Regulation," *Security Journal* 19, 2006, pp. 1~13.

30   K. H. Shin, *Rapid Urban Development in a Global City: Tragic "Yongsan New Town" in Seoul Korea* (American Sociological Association 연례 모임에서 발표된 글, Las Vegas, 2011), p. 12.

31   같은 책, pp. 12~14.

32   같은 책, pp. 18.

33   피해자 1, 2 인터뷰.

34   기자 1(R1) 인터뷰.

35   경찰관 1, 3, 8 인터뷰.

36   I. W. Cho, "Yongsan Tragedy, a Wake-up Call on Human Rights," *Human Rights Monitor: Korea*, 2010-09-27.

37   S. Bhowmik, "Street Vendors in Asia: A Review," *Economic and Political Weekly* (May 28-June 4, 2005), p. 2262.

38   같은 책, p. 2262.

39   경찰관 1, 4 인터뷰.

40   노점상 1, 2, 3 인터뷰.

41   T.-j. Kim, "Conflict Deepens in Insadong," *The Korea Times*, 2011-05-29.

42   인사동은 700미터쯤 되는 주요 도로를 따라 양편에 작은 예술품, 기념품 가게들, 식당이 늘어서 있고 골목길에도 비슷한 상점들이 있다.

43   2011년 5월 25일, SBS가 노점상 철거 현장에 관한 뉴스를 내보냈다. 뉴스 영상의 마지막 부분에 내 모습도 찍혔다. http://news.sbs.co.kr/section_news/news_read.jsp?news_id=N1000919622

44   경찰관 1, 4 인터뷰.

45   경찰관 1 인터뷰.

7장. 노동 억압의 정치: 한국노총, 구사대에서 컨택터스까지

1   S. Haggard & C. Moon., 같은 글, p. 54.

2   같은 글, p. 73.

3   J. Woo, 같은 책.

4   S. Haggard & C. Moon., 같은 글, p. 80.

5   같은 글, p. 82.

6   같은 글, p. 54.

7   G. E. Ogle, 같은 책, pp. 47~64.

8   같은 책, p. 54.

9   같은 책, p. 54.

10   B. Cumings, *Korea's Place in the Sun,* p. 358; G. E. Ogle, 같은 책, p. 54.

11   G. E. Ogle, 같은 책, pp. 54~55.

12   H. Koo, "Strong State and Contentious Society," p. 135.

13   G. E. Ogle, 같은 책, p. 59.

14   같은 책, pp. 77~78.

15   같은 책, p. 60.

16   같은 책, p. 60. 앞서 강제 철거에 대한 논의에서 1980년대에는 경찰이 "깡패였
     다"고 말한 경찰 응답자는 사실 이런 악명 높은 잔혹한 기동대원 출신이었다.
     그는 전국적인 폭력 및 조직범죄를 담당하는 부서의 고위 간부가 되었다.

17   같은 책, p. 62.

18   같은 책, p. 120.

19   같은 책, pp. 61~62.

20   오글은 '불량배들'이 1970년대에 노동 문제에 개입한 설명들을 언급한다. 물론
     이미 논의했듯 전투적인 우익 깡패들은 1945년과 이승만 정권 내내 널리 이용
     됐다. 이 책의 주장과 관련해 1961년과 1980년대 말 사이에 민간 강제에 대한
     설명이 하나도 없다면 편리할 테지만 그런 시스템은 (강제 철거와 관련해서는)
     1984년까지, (노동 억압과 관련해서는) 1987년까지 합리적으로 설명되지 못한
     다.

21   H. Koo, "Strong State and Contentious Society," pp. 138~139.

22   S.-h. Kim, 같은 책, p. 55.

23   같은 책, pp. 55, 139.

24   같은 책, p. 139.

25   같은 책, p. 139.

26   H. Koo, "Role of the Labor Movement," pp. 112~114.

27   S.-h. Kim, 같은 책, pp. 66~68.

28   J. Woo, 같은 책, p. 181.

29   S.-h. Kim, 같은 책, p. 93.

30   같은 책, p. 93.

31   같은 책, p. 129.

32   J. K.-c. Oh, 같은 책, p. 114.

33   H. Koo, "Role of the Labor Movement," p. 119.

34   G. E. Ogle, 같은 책, pp. 117~118.

35   같은 책, p. 116.

36   S.-h. Kim, *The Politics of Democratization in Korea*, p. 94.

37   같은 책, p. 94.

38   S. J. Lee, "Mass Perceptions of Democracy," in L. Diamond & D. C. Shin (Eds.), 같은 책, p. 285.

39   G. E. Ogle, 같은 책, p. 119.

40   같은 책, pp. 122~153.

41   같은 책, pp. 122~123.

42   Asia Watch, *Retreat from Reform: Labor Rights and Freedom of Expression in South Korea* (Human Rights Watch, 1990), p. 55.

43   G. E. Ogle, 같은 책, p. 123.

44   Asia Watch, 같은 책, p. 56.

45   J. B. Kwon, 같은 글, p. 62.

46   D. Kirk, "Who Needs Tear-Gas? Seoul Puts Policewomen Out Front," *The New York Times*, 2000-02-23; J. B. Kwon, 같은 글, p. 65.

47   J. B. Kwon, 같은 글, p. 65.

48   같은 글, p. 65. 위에서 참조한 신문에서 재인용.

49   *International Herald Tribune*, 2000-02-23.

50   J. B. Kwon, 같은 책, p. 66.

51   《코리아 타임스(*The Korea Times*)》의 기사 '새누리 당직자, 뒤에서 노조원들을 공격하다'에 따르면 당시 컨택터스의 대표는 새누리당(당시 한나라당) 당원이 자 2007년 이명박 선거팀원인 문성호였다. 그런 회사의 직원들이 대개 그렇듯 문성호는 대학에서 무술을 전공했다. W.-w. Yi, "Saenuri Staffer Behind Attack on Unionists," *The Korea Times*, 2012-08-12.

52   "Steep Rise in Violence Services Business: Was There Government Protection?," *The Kyunghyang Shinmun*, 2012-08-01.

53   W.-w. Yi, "Company Hired Security Staff to Attack Unionists," *The Korea Times*, 2012-08-01.

54   W.-w. Yi, "Police Apologize for Mishandling Assault Case of SJM's Unionists,"
        The Korea Times, 2012-08-08.

55   W.-w. Yi, "Company Hired Security Staff to Attack Unionists."

56   W.-w. Yi, "Police Apologize for Mishandling Assault Case of SJM's Unionists."
        이 파업 진압에 관한 비디오는 셀 수 없을 만큼 많이 존재한다. 예컨대 다음을
        보라. http://news.linktv.org/videos/violent-security-firm-attacks-striking-south-
        korean-workers

57   같은 글.

58   같은 글.

59   *The Kyunghyang Shinmun*, 2012-08-01.

60   경찰관 1 인터뷰.

61   J. B. Kwon, 같은 책, p. 59.

62   H. Koo, "Strong State and Contentious Society," p. 231.

8장. 결론, 그리고 한국 사례를 넘어서

1   J. B. Kwon, 같은 책.

2   S. E. Tolnay & E. M. Beck, *A Festival of Violence : An Analysis of Southern
        Lynchings, 1882-1930* (Urbana: University of Illinois Press, 1995), p. 4.

3   같은 책, p. 4.

4   같은 책, pp. 4~5.

5   같은 책, p. 5.

6   같은 책, p. IX.

7   같은 책, p. 18.

8   같은 책, pp. 18~19.

9   같은 책, p. 25.

10   같은 책, p. 57.

11   같은 책, p. 70.

12   같은 책, p. 70.

13   같은 책, p. 70.

14   A. D. Morris, *The Origins of the Civil Rights Movement : Black Communities*

Organizing for Change (New York: Free Press, 1984), p. 3; G. De Fazio, "Civil Rights Mobilization and Repression in Northern Ireland : A Comparison with the US Deep South," *The Sixties: A Journal of History, Politics and Culture* 2(2), 2009, p. 170.

15   M. Newton, *The FBI and the KKK : A Critical History* (Jefferson: McFarland & Company, 2005), p. 70.

16   같은 책, p. 70.

17   같은 책, p. 70.

18   같은 책, p. 71.

19   같은 책, p. 72.

20   같은 책, p. 72.

21   같은 책, p. 73.

22   같은 책, p. 74.

23   같은 책, p. 74.

24   D. Cunningham, *Klansville, U.S.A. : The Rise and Fall of the Civil Rights-Era Ku Klux Klan* (New York: Oxford University Press, 2013), p. 195.

25   같은 책, p. 195.

26   같은 책, p. 202.

27   같은 책, p. 202.

28   같은 책, p. 203.

29   같은 책, pp. 57~59.

30   E. M. Siniawer, 같은 책, pp. 20~24; 다음도 보라. B.A. Gragert, "Yakuza: The Warlords of Japanese Organized Crime," *Annual Survey of International & Comparative Law* 4(1, Article 9), 1997.

31   E. M. Siniawer, 같은 책, p. 23.

32   P. B. E. Hill, *The Japanese Mafia : Yakuza, Law, and the State* (New York: Oxford University Press, 2003), p. 40.

33   D. E. Kaplan & A. Dubro, *Yakuza : Japan's Criminal Underworld* (Berkeley: University of California Press, 2003), pp. 24~25.

34   같은 책, p. 25.

35   같은 책, p. 25.

36   E. M. Siniawer, 같은 책, pp. 125~126.

37   같은 책, p. 127.

38   E. M. Siniawer, "Befitting Bedfellows: Yakuza and the State in Modern Japan," *The Journal of Social History* 45(3), Spring 2012, p. 629.

39   D. E. Kaplan & A. Dubro, 같은 책, p. 125.

40   같은 책, pp. 125~126.

41   같은 책, p. 48.

부록

1   대검찰청의 2006년 추산에 근거했다.

2   이 일부 목록은 H. J. An, 「조직 범죄가 환태평양 지역 경제와 국가 경제에 미치는 영향」, 2003, 183~185쪽의 목록에 일부분 기초했고 이후 대조 검토하고 면담을 통해 갱신했다. 이는 완벽한 목록은 아니지만 내가 아는 바로는 주요 조직 범죄 집단을 보여준다.

3   서울에 있는 집단 대다수는 본질적으로 서울에 뿌리를 내리고 활동하는 경향을 보이지 않는다. 서울에서 활동하는 집단 중 다수는 다른 지방에 근거지를 두고 있다.

참고문헌

대통령소속의문사진상규명위원회, A Hard Journey to Justice: First Term Report by the Presidential Truth Commission on Suspicious Deaths of the Republic of Korea (10.2000-10.2002). 2004.

박경래, 손석천, 「조직폭력배의 소득원에 관한 연구 : 재소자에 대한 설문 및 심층면 접 조사결과를 중심으로」, 한국형사정책연구원, 한국형사정책연구원, 2006.

박원선, 『부보상(負褓商) : 한국상법사상의 행상제도연구』, 한국연구원, 1965.

신의기, 「조직범죄집단의 국제적 연계실태와 차단방안」, 한국형사정책연구원, 2004.

조성권, 『한국조직범죄사』, 2002, 한성대학교출판부.

「조직폭력 범죄의 실태에 관한 조사연구」, 한국형사정책연구원, 2006.10.

최종고, Law and Justice in Korea: South and North, 서울대학교출판부, 2005.

탁희성·도중진, 조직범죄관련 자금세탁범죄 대응의 문제점과 개선방안, 한국형사정 책연구원, 2004.

Acheson, D. (1971). The Korean War. New York: Norton.

ACHR and the Third World Network, Battle for Housing Rights in Korea: Report of the South Korea Project of the Asian Coalition for Housing Rights. Bangkok, 1989.

Ahram, A. I. (2011). Proxy Warriors : The Rise and Fall of State-Sponsored Militias. Stanford: Stanford University Press.

An, H. J. (2003). 조직 범죄가 환태평양 지역 경제와 국가 경제에 미치는 영향 (Criminal Organizations Affecting both the Pacific Ring's Local and National

Economies). 미발간 논문.

Arias, E. D. (2006). *Drugs & Democracy in Rio de Janeiro : Trafficking, Social Networks, and Public Security*. Chapel Hill: University of North Carolina Press.

Armstrong, C. K., Ed. (2002). *Korean Society : Civil Society, Democracy, and the State*. London ; New York: Routledge.

Asia Watch (1990). *Retreat from Reform: Labor Rights and Freedom of Expression in South Korea*. Human Rights Watch.

Auyero, J. (2007). *Routine Politics and Violence in Argentina : The Gray Zone of State Power*. New York: Cambridge University Press.

Avant, D. D. (2005). *The Market for Force : The Consequences of Privatizing Security*. New York: Cambridge University Press.

Bailey, J. J. & Godson, R. (2000). *Organized Crime & Democratic Governability : Mexico and the U.S.-Mexican Borderlands*. Pittsburgh: University of Pittsburgh Press.

Bates, R., Greif, A., & Singh, S. (2002). Organizing Violence. *Journal of Conflict Resolution* 46(5), 599-628.

Becker, G. (1968). Crime and Punishment: An Economic Approach. *The Journal of Political Economy* (76). 169-217.

Bhowmik, S. (2005). Street Vendors in Asia: A Review. *Economic and Political Weekly* (May 28-June 4).

Blok, A. (1974). *The Mafia of a Sicilian Village, 1860-1960: A Study of Violent Peasant Entrepeneurs*. Oxford: Blackwell.

Booth, M. (2000). *The Dragon Syndicates : The Global Phenomenon of the Triads*. New York: Carroll & Graf.

Buscaglia, E. & van Dijk, J. (2003). Controlling Organized Crime and Corruption in the Public Sector. *Forum on Crime and Society* 3(1 & 2), 3-34.

Button, M., Park, H., & Lee, J. (2006). The Private Security Industry in South Korea: A Familiar Tale of Growth, Gaps and the Need for Better Regulation.

Security Journal 19, 167-179.

Campbell, B. (2000). Death Squads: Definitions, Problems, and Historical Context. In B. Campbell & A. D. Brenner, Eds., *Death Squads in Global Perspective : Murder with Deniability*. New York: St. Martin's Press.

Campbell, B. & Brenner, A. D., Eds. (2000). *Death Squads in Global Perspective : Murder with Deniability*. New York: St. Martin's Press.

Celentani, M., Marrelli, M., & Martina, R. (1995). *Regulating the Organized Crime Sector*. New York: Cambridge University Press.

Chang, P. Y. (2008). *Protest and Repression in South Korea (1970-1979): The Dialectics of Movement Emergence and Evolution*. Ph.D. Dissertation. Stanford University.

Cho, I. W. (2010-09-27). Yongsan Tragedy, a Wake-up Call on Human Rights, *Human Rights Monitor: Korea*.

Cho, K. (2002). The Unfinished "Criminal Procedure Revolution" of Post-Democratization South Korea. *Denver Journal of International Law and Policy* 30(3).

_____ (2010). The Reformed Criminal Procedure of Post-democratization South Korea. *Litigation in Korea*, 58-86.

Choi, J. J. (1993). Political Cleavages in South Korea. In H. Koo, Ed., *State and Society in Contemporary Korea*. Ithaca: Cornell University Press.

Coase, R. H. (1937). The Nature of the Firm. *Economica-New Series* 4(16), 386-405.

Cooley, A. & Spruyt, H. (2009). *Contracting States : Sovereign Transfers in International Relations*. Princeton: Princeton University Press.

Cumings, B. (1997). *Korea's Place in the Sun: A Modern History* (1st ed.). New York: W.W.Norton. [한국어판: 브루스 커밍스, 『브루스 커밍스의 한국현대사』, 이교선 외 옮김, 창비, 2001.]

_____ (2010). *The Korean War: A History* (1st ed.). New York: Modern Library.

Cunningham, D. (2013). *Klansville, U.S.A. : The Rise and Fall of the Civil Rights-era Ku Klux Klan.* New York: Oxford University Press.

Curzio, L. (2000). Organized Crime and Political Campaign Finance in Mexico. In J. J. Bailey & R. Godson (Eds.), *Organized Crime & Democratic Governability : Mexico and the U.S.-Mexican borderlands.* Pittsburgh: University of Pittsburgh Press.

Davis, L. K. (2007). *Housing, Evictions and the Seoul 1988 Olympic Games,* COHRE's Mega-Events, Olympic Games and Housing Rights Project COHRE.

_____ (2011). International Events and Mass Evictions: A Longer View. *International Journal of Urban and Regional Research,* 35(3), 582-599.

De Fazio, G. (2009). Civil Rights Mobilization and Repression in Northern Ireland: A Comparison with the US Deep South. *The Sixties: A Journal of History, Politics and Culture* 2(2), 163-185.

Dean, H. (1999). *The Korea War 1945-1953.* San Francisco: China Books.

Diamond, L. J. & Shin, T.-c. l., Eds. (2000). *Institutional Reform and Democratic Consolidation in Korea.* Stanford: Hoover Institution Press.

Donahue, J. D. (1989). *The Privatization Decision : Public Ends, Private Means.* New York: Basic Books.

Dunigan, M. (2008). *In the Company of Soldiers: Private Security Companies' Impact on Military Effectiveness.* Ph.D. Dissertation. Cornell University.

Fiorentini, G. & Peltzman, S., Centre for Economic Policy Research (Great Britain), & Università di Bologna. Department of Economics. (1995). *The Economics of Organized Crime.* New York: Cambridge University Press.

Gambetta, D. (1993). *The Sicilian Mafia : The Business of Private Protection.* Cambridge: Harvard University Press.

Ginsburg, T. (2004). Introduction: The Politics of Legal Reform in Korea. In T. Ginsburg, Ed., *Legal Reform in Korea.* London: Routledge Curzon.

Glionna, J. M. (2001-06-26). S. Korean Errand Men Operate in Shadows, *Los Angeles Times.*

Gragert, B. A. (1997). Yakuza: The Warlords of Japanese Organized Crime. *Annual Survey of International & Comparative Law* 4(1), 147-204.

Ha, S.-k. (1987). *Housing Policy and Practice in Asia*. London: Croom Helm.

Haggard, S. & Moon, C.-i. (1993). The State, Politics, and Economic Development in Postwar South Korea. In H. Koo, Ed., *State and Society in Contemporary Korea*. Ithaca: Cornell University Press.

Han, S.-j. (1974). *The Failure of Democracy in South Korea*. Berkeley, University of California Press. [한국어판: 한승주, 『제2공화국과 한국의 민주주의』, 종로서적, 1983.]

Harrison, S. S. (1987-01-25). Is South Korea Going to be the Next Philippines?, *The Washington Post Sunday*.

Henderson, G. (1968). *Korea, the Politics of the Vortex*. Cambridge: Harvard University Press. [한국어판: 그레고리 헨더슨, 『소용돌이의 한국정치』, 이종삼, 박행웅 옮김, 한울, 2013.]

Hess, H. (1998). *Mafia & Mafiosi : Origin, Power, and Myth*. New York: New York University Press.

Hill, P. B. E. (2003). *The Japanese Mafia : Yakuza, Law, and the State*. New York: Oxford University Press.

Hobbes, T. & Macpherson, C. B. (1968). *Leviathan*. Baltimore: Penguin Books. [한국어판: 토머스 홉스, 『리바이어던』.]

Im, H. B. (2004). Faltering Democratic Consolidation in South Korea: Democracy at the End of the 'Three Kims' Era. *Democratization* 11(5).

Johnson, D. T. (2004). Legal Reform in Korea. In T. Ginsburg, Ed., *Legal Reform in Korea*. London: Routledge Curzon.

Jung, Y. S. (1997). Organized Crime in Contemporary Korea: International Implications. *International Journal of Comparative and Applied Criminal Justice* 21(1), 91-102.

Kang, J.-k. (2013-01-07). Police on Knife's Edge over Funeral of Ex-crime Boss. *Korea Joongang Daily*.

Kaplan, D. E. & Dubro, A. (2003). *Yakuza : Japan's Criminal Underworld* (Expanded ed.). Berkeley: University of California.

Katsiaficas, G. N. (2012). *Asia's Unknown Uprisings. Volume 1 : South Korean Social Movements in the 20th Century.* Oakland: PM Press. [한국어판: 조지 카치아피카스, 『한국의 민중봉기: 민중을 주인공으로 다시 쓴 남한의 사회운동사 1894 농민전쟁~2008 촛불시위』, 원영수 옮김, 오월의 봄, 2015.]

Q. Y. Kim (1983). *The Fall of Syngman Rhee*, Berkeley: University of California.

Kim, B. J. (2003). Paramilitary Politics under the USAMGIK and the Establishment of the Republic of Korea. *Korea Journal* 43(2), 289-322.

Kim, C. N. (2007). *The Korean Presidents: Leadership for Nation Building.* Norwalk: East Bridge. [한국어판: 김충남, 『대통령과 국가경영: 이승만에서 김대 중까지』, 서울대학교출판부, 2006.]

Kim, E. C. I. & Kim, K.-S. (1964). The April 1960 Student Movement. *Political Research Quarterly* 17(*March*), 83-92.

Kim, H. K. (1998). South Korea Experiences of Evictions in Seoul. In A. Azuela, Ed., *Evictions and the Right to Housing: Experience from Canada, Chile, the Dominican Republic, South Africa, and South Korea*: IDRC.

Kim, J. (2007). Korea's New Prostitution Policy : Overcoming Challenges to Effectuate the Legislature's Intent to Protect Prostitutes from Abuse. *Pacific Rim Law & Policy Journal* 16(2), 493-523.

_____ (2010). *Mobilizing Property-Based Interests : Politics of Policy-Driven Gentrification in Seoul, Korea.* Ph.D. Dissertation. University of Illinois at Chicago.

_____ (2010). The Displaced Residents' Right to Relocation Assistance : Toward an Equitable Urban Redevelopment in South Korea. *Pacific Rim Law & Policy Journal Association* 19(3), 587-612.

Kim, S.-h. (2000a). *The politics of democratization in Korea : the role of civil society.* Pittburgh, PA: University of Pittsburgh Press.

_____ (2000b). Civic Mobilization for Democratic Reform. In L. Diamond &

D. C. Shin, Eds., *Institutional Reform and Democratic Consolidation in Korea*. Stanford: Hoover Institution Press.

Kim, S. S., Ed. (2003). *Korea's Democratization*. New York: Cambridge University Press.

Kim, T.-j. (2011-05-29). Conflict Deepens in Insadong, *The Korea Times*.

Kim, Y. C. (2002). The Unfinished 'Criminal Procedure Revolution' of Post-democratization South Korea. *Denver Journal of International Law and Policy* 30(3).

Kim, Y.-C. (2001). "The Effective System of Criminal Investigation and Prosecution in Korea". Paper presented at the Effective Administration of the Police and the Prosecution in Criminal Justice.

Kirk, D. (2000-02-23). Who Needs Tear-Gas? Seoul Puts Policewomen Out Front, *The New York Times*.

Koo, H. (1993). Strong State and Contentious Society. In H. Koo, Ed., *State and Society in Contemporary Korea*. Ithaca: Cornell University Press.

_____ (2002). Role of the Labor Movement. In C. K. Armstrong, Ed., *Korean Society : Civil Society, Democracy, and the State*. New York: Routledge.

_____ (1993). *State and Society in Contemporary Korea*. Ithaca: Cornell University Press.

Kuzmarov, J. (2009). Modernizing Repression: Police Training, Political Violence, and Nation-Building in the "American Century". *Diplomatic History* 33(2), 191-221.

_____ (2012). Police Training, 'Nation-Building,' and Political Repression in Post-Colonial South Korea. *The Asia-Pacific Journal* 10(27, No. 3).

Kwon, J. B. (2011). Exorcizing the Ghosts of Kwangju : Policing Protest in the Post-authoritarian Era. In G.-W. Shin & P. Y. Chang, Eds., *South Korean Social Movements : From Democracy to Civil Society*. New York: Routledge.

Lee, C. M. (2002). *The Development of Private Policing in Korea*. Ph.D. Dissertation. The City University of New York.

_____ (2004). Accounting for Rapid Growth of Private Policing in South Korea. *Journal of Criminal Justice* 32(2), 113-122.

Lee, J. Y. (1990). *The Practice of Protest: Three Case Studies in Urban Renewal in Seoul, Korea*. Ph.D. Dissertation. The City University of New York.

Lee, N. (2007). *The Making of Minjung : Democracy and the Politics of Representation in South Korea*. Ithaca: Cornell University Press. [한국어판: 이남희, 민중 만들기: 한국의 민주화운동과 재현의 정치학, 유리, 이경희 옮김, 후마니타스, 2015.]

Lee, S. (2006). Organized Crime in South Korea. *Trends in Organized Crime* 9(3).

Lee, S. J. (2000). Mass Perceptions of Democracy. In L. Diamond & D. C. Shin, Eds., *Institutional reform and democratic consolidation in Korea*. Stanford: Hoover Institution Press.

Levi, M. (1989). *Of Rule and Revenue* Berkeley: University of California Press.

Lie, J. (1998). *Han Unbound: The Political Economy of South Korea*. Stanford: Stanford University Press.

Mazzei, J. (2009). *Death Squads or Self-defense Forces? : How Paramilitary Groups Emerge and Challenge Democracy in Latin America*. Chapel Hill: University of North Carolina Press.

McCune, G. M. & Grey, A. (1950). *Korea Today*. London: Allen & Unwin.

McDonald, H. & Cusack, J. (2004). *UDA : Inside the Heart of Loyalist Terror*. Dublin: Penguin Ireland.

Meade, E. G. (1951). *American Military Government in Korea*. New York: King's Crown Press.

Merom, G. (2003). *How Democracies Lose Small Wars : State, Society, and the Failures of France in Algeria, Israel in Lebanon, and the United States in Vietnam*. New York: Cambridge University Press.

Merrill, J. (1989). *Korea: The Peninsular Origins of the War*. Newark: University of Delaware Press. [한국어판: 존 메릴, 『한국 전쟁의 기원과 진실』, 이종찬, 김충남 옮김, 두산동아, 2004].

Migdal, J. S. (1988). *Strong Societies and Weak States : State-Society Relations and State Capabilities in the Third World*. Princeton: Princeton University Press.

Milhaupt, C. J. & West, M. D. (2000). The Dark Side of Private Ordering: An Institutional and Empirical Analysis of Organized Crime. *University of Chicago Law Review* 67(1), 41-98.

Mobrand, E. (2006). *Internal Migration and State Retreat in Chinese and South Korean industrialization*. Ph.D. Dissertation), Princeton University.

_____ (2008). Struggles Over Unlicensed Housing in Seoul, 1960-80. *Urban Studies* 45(2), 367-389.

Moon, B. & Morash, M. (2009). Policing in South Korea : Struggle, Challenge, and Reform. In S. M. Hinton & T. Newburn, Eds., *Policing Developing Democracies*. New York: Routledge.

Morris, A. D. (1984). *The Origins of the Civil Rights Movement : Black Communities Organizing for Change*. New York: Free Press.

Nalla, M., K. & Hwang, E.-G. (2006). Relations between Police and Private Security Officers in South Korea. *Policing: An International Journal of Police Strategies & Management* 29(3), 482-497.

Newton, M. (2005). *The FBI and the KKK : A Critical History*. Jefferson: McFarland & Company.

North, D. C. (1981). *Structure and Change in Economic History* (1st ed.). New York: Norton.

Oberdorfer, D. (1997). *The Two Koreas: A Contemporary History*. Reading: Addison-Wesley. [한국어판: 돈 오버도퍼, 로버트 칼린, 이종길, 양은미 옮김, 『두 개의 한국』, 길산, 2014].

O'Brien, J. (2005). *Killing Finucane: Murder in Defense of the Realm*. Dublin: Gill & Macmillan.

Ogle, G. E. (1990). *South Korea : Dissent within the Economic Miracle.* London: Zed Books.

Oh, J. K.-c. (1999). *Korean Politics: The Quest for Democratization and Economic Development.* Ithaca: Cornell University Press.

Olson, M. (2000). *Power and Prosperity : Outgrowing Communist and Capitalist Dictatorships.* New York: Basic Books. [한국어판: 맨슈어 올슨,『지배권력과 경제번영: 공산주의와 자본주의 아우르기』, 최광 옮김, 나남, 2010.]

O'Neil, P. H. (2004). *Essentials of Comparative Politics.* New York: W.W. Norton.

Park, M. (2005). Organizing Dissent against Authoritarianism: The South Korean Student Movement in the 1980s. *Korea Journal* 45(3), 261-288.

Pyo, C. (2001a). Policing: The Past. *Crime and Justice International* 17(50), 5-6, to 27.

_____ (2001b). Policing: The Present and Future *Crime and Justice International* 17(51), 7-27.

Robinson, R. D. (1960). *Betrayal of a Nation.* 미발간 원고.

Ryter, L. (2002). *Youth, Gangs, and the State in Indonesia.* Ph.D. Dissertation. University of Washington.

Schelling, T. C. (1984). *Choice and Consequence.* Cambridge: Harvard University Press.

Shin, D. C. (2003). Mass Politics, Public Opinion, and Democracy in Korea. In S. S. Kim, Ed., *Korea's Democratization.* New York: Cambridge University Press.

Shin, G.-W. & Chang, P. Y. (2011). Democratization and the Evolution of Social Movements in Korea. In G.-W. Shin & P. Y. Chang, Eds., *South Korean Social Movements : From Democracy to Civil Society.* New York: Routledge.

Shin, G.-W., Chang, P. Y., Lee, J.-e., & Kim, S. (2011). The Korean Democracy Movement : An Empirical Overview. In G.-W. Shin & P. Y. Chang, Eds., *South Korean Social Movements : From Democracy to Civil Society.*

New York: Routledge.

Shin, K. H. (2011). *Rapid Urban Development in a Global City: Tragic "Yongsan New Town" in Seoul Korea.* Paper presented at the Annual Meeting of the American Sociological Association, Las Vegal.

Siniawer, E. M. (2008). *Ruffians, Yakuza, Nationalists: The Violent Politics of Modern Japan, 1860-1960.* Ithaca: Cornell University Press.

Siniawer, E. M. (2012). Befitting Bedfellows: Yakuza and the State in Modern Japan. *The Journal of Social History* 45(3), 623-641.

Smith, D. C. (1980). Paragons, Pariahs, and Pirates : A Spectrum-Based Theory of Enterprise. *Crime & Delinquency* 26(3), 358-386.

Stark, D. H. (1981). The Yakuza: Japanese Crime Incorporated. Ph.D. Dissertation. University of Michigan.

Steep Rise in Violence Services Business: Was There Government Protection? (2012-08-01). *The Kyunghyang Shinmun.*

Thomson, J. E. (1994). *Mercenaries, Pirates, and Sovereigns : State-building and Extraterritorial Violence in Early Modern Europe.* Princeton: Princeton University Press.

Tilly, C. (1985). War Making and State Making as Organized Crime. In p. B. Evans, D. Rueschemeyer, T. Skocpol, Eds., *Bringing the State Back In.* New York: Cambridge University Press.

Tolnay, S. E. & Beck, E. M. (1995). *A Festival of Violence : An Analysis of Southern Lynchings, 1882-1930.* Urbana: University of Illinois Press.

United States Army Intelligence Center. History of the Counter Intelligence Corps: CIC During the Occupation of Korea. Volume XXX, March 1959.

Van Dijk, J. (2007). Mafia Markers: Assessing Organized Crime and Its Impact upon Societies. *Trends in Organized Crime* 10, 39-56.

Varese, F. (2001). *The Russian Mafia: Private Protection in a New Market Economy.* New York: Oxford University Press.

Volkov, V. (2002). *Violent Entrepreneurs: The Use of Force in the Making of Russian Capitalism*. Ithaca: Cornell University Press.

Weber, M. (1946). *From Max Weber: Essays in Sociology*. New York: Oxford University Press.

Williamson, O. E. (1975). *Markets and Hierarchies, Analysis and Antitrust Implications: A Study in the Economics of Internal Organization*. New York: Free Press.

Woo, M. (1991). *Race to the Swift: State and Finance in Korean Industrialization*. New York: Columbia University Press.

Yi, W.-w. (2012-08-01). Company Hired Security Staff to Attack Unionists, *The Korea Times*.

_____ (2012-08-08). Police Apologize for Mishandling Assault Case of SJM's Unionists, *The Korea Times*.

_____ (2012-08-12). Saenuri Staffer Behind Attack on Unionists, *The Korea Times*.

옮긴이의 말

〈내부자들〉〈신세계〉〈범죄와의 전쟁〉〈짝패〉〈비열한 거리〉〈똥파리〉
〈친구〉〈비트〉〈초록물고기〉. 조폭이 나오는 한국영화를 열거하자면
끝이 없다. 한국 사회에 조폭이 실제로 많기 때문일까? 아니면 알지
못하는 세계에 대한 호기심이 만들어낸 상상물일까? 검경은 '마피아
와 같은 대규모 폭력조직을 거의 다 뿌리 뽑았다'고 말하지만 저자에
따르면 조폭은 교묘하게 숨어 공권력이 개입하지 않는 수준에서 여
전히 활동하고 있다.

   이 책의 지은이인 존슨 펄트는 국가와 사적 폭력 집단의 관계를
파악하고자 먼저 국가와 무력에 관한 이론적 접근을 시도한다. 국가
에 대한 이상적 정의에서는 국가의 특징을 폭력에 대한 독점으로 규
정한다. 그러나 현실에서는 조폭 같은 사적 집단이 버젓이 폭력을
행사하고, 심지어는 정치인, 공무원, 검찰과 경찰 같은 국가의 녹봉

을 받는 이들이 그들과 협력하기도 한다. 이런 현상이 군대와 경찰 같은 강제력을 완벽히 갖추지 못한 이행기 국가에서 일어났다면 국가의 능력 문제라고 이해할 만하다. 그러나 이 국가 능력 이론은 강력한 강제력을 갖추고 민주주의도 이룩한 국가 사례에 적용하기에는 설명력이 떨어진다. 이에 지은이는, 폭력의 정당성과 용인에 대한 국가와 시민사회의 선호[규범] 차이, 그리고 사회 세력의 영향력 수준이 국가의 정책 결정에 영향을 미친다는 메롬의 이론을 가져와, 국가가 강제력을 직접 행사하기보다는 하청하는 현상을 설명한다.

이런 이론적 분석을 토대로 지은이는 한국에서 해방 이후 시간의 흐름에 따라 국가와 사적 폭력 집단의 관계가 어떻게 변화해왔는지 추적한다. 대부분의 나라들과 마찬가지로 한국의 국가 형성 과정에서도 정치권의 여러 권력자들이 세력을 확장하고자 사적 폭력 집단들과 손을 잡았다. 이후 이승만은 권력을 잡았지만 강제력이 부족해 여전히 사적 폭력 집단들과 협력해야 했다. 군사쿠데타로 권력을 잡은 박정희도 권력을 확장하는 동안 사적 폭력 자원을 어느 정도 이용했고, 4·19혁명 세력을 의식해야 했다는 점에서 자율성이 크지 않았다. 1971년 철저한 권위주의 국가로 전환한 박정희는 고능력과 고자율성을 성취했고, 사적 폭력 집단과의 협력 관계를 사실상 파기했다. 박정희가 암살된 뒤 집권한 전두환은 강력한 강제력을 물려받았지만, 그동안 투쟁적인 시민사회가 성장했기 때문에 자율성이 하락했다. 한편 주택 공급과 도시 미화라는 중산층의 점증하는 요구를 충족하려면 강제력을 써야 했는데, 자율성이 줄어든 전두환 정권은 하청이라는 형태로 폭력 집단과의 협력 관계를 재개했다. 이후 이런 관행은 민주 정권에서도 유지되고 있고, 도시 재개발과 노동 통제에서 두드러지게 나타나고 있다. 요컨대 국가 행위자와 사적 폭력 집단 사이의 협력은 기본적으로 국가의 능력과 자율성에 따라 달라지고, 국가는 사회세력의 비판을 피하고자 무력을 하청한다.

강력한 강제력이 있고 또 민주화된 국가의 사례를 이론과 실증을 들어 분석했다는 점에서 이 책은 특별하고, 무엇보다 지은이가 정치인에서부터 조직 폭력단의 구성원들까지 직접 만나며 참여 관찰, 면담 등의 연구 방법을 수행했다는 점에서도 가치가 크다. 기업형 폭력과 폭력의 하청이라는, 영화 속 음모론적 세계에서 보았던 그것들이 실재해왔음을 확인하는 것, 그리고 이러한 공모 혹은 긴장 관계가 민주화를 지지하는 세력이 커가는 것에 대응한 국가의 정치적 선택과 연결되어 있다는 조금은 불편한 진실은 독자들에게 국가와 민주주의에 관해 다른 시각을 보여줄 것이다.

학자가 아닌 일반 독자의 한 사람으로서 바람이 있다면 저자가 이 주제에 관해 학술적 연구가 아닌 르포르타주, 혹은 그것도 관계자들의 신원을 드러낼 위험이 있다면 소설을 통해서라도 한국의 조폭 세계, 그리고 조폭이 정치인, 검경, 공무원, 기업 들과 맺고 있는 관계를 상세히 보여주면 좋을 것 같다. 다음은 저자와 주고받은 간략한 서면 인터뷰 내용이다.

◆ 한국의 문화에 대해 매력을 느껴 연구를 시작했다고 들었다. 이 책을 마친 시점에서 한국에 대해 느낀 점은 무엇인가? 한국의 정치는 어떤 것 같은가?

한국은 공고화된 민주사회라고들 한다. 그러니까 한국에서 현재, 또 가까운 미래에 집권을 위한 유일한 정당한 방법은 민주 선거라는 것이다. 폭력으로 점철된 격동의 식민지, 권위주의 시기를 돌아보건대 이는 한국 시민들이 힘들게 싸워 쟁취한 것이다. 시민들은 이 민주 선거를 자랑스러워해야 하지만, 민주화는 고정된 것이 아니고 또한 시간과 공간에 따라 달라진다는 것도 인식해야 한다. 미국과 일본 등과 마찬가지로 한국에도 분명 민주주의가 견고한 부분이 있을 테지만 뒤처진 부분도 있을 것이다.

◆ 조직 폭력에 관한 인터뷰와 설문조사를 진행했지만 논문에 결과를 싣지 못했다고 들었다. 개인적으로도 아쉬울 것 같다. 독자들에게 알려줄 만한 흥미로운 이야기가 있는가?

세 사람 이상이 확인해줄 수 없는 정보는 책에 넣지 않도록 주의했다. 신뢰성이 떨어지거나 편향적이 될 수 있기 때문이다. 세부적인 내용들을 드러내면 응답자의 신원이 쉽게 파악될 수 있었던 경우도 있었다. 그랬다면 연구방법론을 위반하게 됐을 것이다. 그뿐만 아니라 미시간 내부심의위원회가 규정한 요건들, 그러니까 공격받기 쉬운 내 연구 주제를 보호해주는 요건들도 위반하게 됐을 테고. 더욱이, 가장 중요한 것은, 저 자신의 가치

관에도 어긋나는 행동을 한 셈이 되었을 것이다.

한국말은 하지만 한국인이 아니었던 덕분에, 한국인이었다면 만나지 못했을 사람들을 만나 이야기를 나누고 그들을 관찰할 기회를 더 많이 가질 수 있었다. 이 책의 주석에 몇 가지 특이사항들을 적어두기는 했지만, 한국의 폭력배들도 다른 나라와 마찬가지로 너무 다양해서 한두 유형으로 일반화하기가 어렵다. 영화에서는 흔히 등장인물을 한쪽으로 치우치게 묘사하지만, 현실에서 사람들의 성격에는 여러 가지 면이 섞여 있고, 기분과 환경, 소임에 따라 달라진다. 조직 폭력의 구성원이라고 해서 특별히 다른 점은 없었다.

◆ 셸링(Schelling)의 주장대로 비용과 효율 면에서 국가가 모든 폭력을 독점하는 것이 비효율적이라는 점을 감안하면 국가와 폭력 집단과의 협력은 불가피한 필요악인가? 민주국가에서 사실상 폭력을 독점하는 사례, 그러니까 폭력 집단과 협력하지 않는 사례는 없는가?

폭력을 온전히, 완벽하게 독점할 수 있는 국가는 없다. 그러니까 국가의 정의에 대해 논할 때 폭력의 비교우위를 논의하는 것이다. 사회가 확장되고 더 복잡해질수록 그런 우위를 유지하는 것은 점점 더 어려워진다. 그리고 그런 어려움은 국가가 민주화될 때 더욱 심해진다. 국가는 폭력을 사용할 때 어떤 유형의 폭력을 고를지 조심스러울 수밖에 없기 때문이다. 이런 상황 때문에 부정적인 외부효과를 줄이기 위한 모종의 협력에 대한 필요성이 생긴다. 그러나 협력의 구체적인 양상과 형태는 분야와 주제에 따라 크게 달라진다.

◆ 최근 한국에서 박근혜 정권이 역사교과서를 국정화하겠다고 발표해 큰 반발이 일고 있다. 또한 시위에 대한 과도한 진압과 노동자 단체 탄압 등으로 현재 한국에서 민주주의가 퇴보하고 있다는 평가가 나오고 있다. 논문의 문제의식과 관련해, 현 정권이 한국의 기존 민주 정권들과 차이가 있다고 보는가?

앞서 언급했듯이 한국은 민주적이지만 민주화는 보통 시간과 공간, 사안에 따라 달라진다. 그리고 분명 민주주의가 강화될 수 있는 영역들이 있다. 안정된 민주 국가는 아래로부터의(말하자면 시민들의) 요구를 필요로 할 뿐만 아니라 국가가 그런 요구에 대해 잘 대응, 공급하는 것도 필요로 한다. 그러니까 우리는 국가 지도자들이 그런 두 변수의 변화를 잘 뒷받침하기를 기대해야 한다. 말이 나온 김에 이야기하자면, (이 이야기는 굉장히 일반적인 진술이다) 박 대통령이 어떤 조치나 정책을 정치화하는 것에 매우 신중해야 하는 이유는 그녀가 민주국가의 지도자이기 때문이다. 그녀는 분명 전임 대통령들에게 있었던 것과 같은 수준의 자율성을 누리고 있지 못하다. 특히 권위주의 시기의 지도자들이 누렸던 수준의 자율성 말이다.

◆ 현재는 일본에서 머물고 있다고 들었다. 어떤 작업을 진행 중인가? 아시아 국가들의 공통점이나 특수성 같은 것이 있는가?

현재 일본의 자이니치 사회에 대한 감시 및 감독을 연구를 하고 있다. 그러니까 그것이 시간의 흐름에 따라 어떻게, 또 왜 변화해왔는지 탐구하고 있다. 그리고 그 문제와 관해, 일본이나 한국과 관련 있는 것은 아니지만, 이론적인 글들도 쓰고 있다.

◆ 한국에 소개되는 첫 책이다. 한국 독자들에게 전하고 싶은 메시지가 있는가?

대단히 고맙습니다!

대한민국 무력 정치사
민족주의자와 경찰, 조폭으로 본 한국 근현대사

한국어판 ⓒ 박광호 2016
두 번째 찍은 날 2016년 5월 10일

지은이 존슨 너새니얼 펠트
옮긴이 박광호
펴낸이 김수기
펴낸곳 현실문화연구

등록번호 제25100-2015-000091호
등록일자 1999년 4월 23일
주소 서울시 은평구 통일로 684(녹번동) 서울혁신파크 1동 403호
전화 02-393-1125
팩스 02-393-1128
전자우편 hyunsilbook@daum.net

ISBN 978-89-6564-183-4 03300
가격은 뒤표지에 있습니다.

이 도서의 국립중앙도서관 출판예정도서목록(CIP)은 서지정보유통지원시스템
홈페이지(http://seoji.nl.go.kr)와 국가자료공동목록시스템(http://www.nl.go.kr/
kolisnet)에서 이용하실 수 있습니다. (CIP제어번호 : CIP2016005676)